高等职业教育高速铁路客运服务专业校企合作系列教材

高速铁路客运组织

（第 3 版）

主 编 王 慧 李嘉琦

参 编 马 昆 马云玲

王立军 王丽娇

西南交通大学出版社

·成 都·

图书在版编目（CIP）数据

高速铁路客运组织 / 王慧，李嘉琦主编. -- 3 版. -- 成都：西南交通大学出版社，2025.2. --（高等职业教育高速铁路客运服务专业校企合作系列教材）.

ISBN 978-7-5774-0351-9

Ⅰ. U293.3

中国国家版本馆 CIP 数据核字第 2025BC6668 号

高等职业教育高速铁路客运服务专业校企合作系列教材
Gaosu Tielu Keyun Zuzhi

高速铁路客运组织

（第 3 版）

主编　王　慧　李嘉琦

策 划 编 辑	臧玉兰	
责 任 编 辑	周　杨	
封 面 设 计	墨创文化	
出 版 发 行	西南交通大学出版社 （四川省成都市金牛区二环路北一段 111 号 西南交通大学创新大厦 21 楼）	
营 销 部 电 话	028-87600564　028-87600533	
邮 政 编 码	610031	
网　　　　址	https://www.xnjdcbs.com	
印　　　　刷	四川森林印务有限责任公司	
成 品 尺 寸	185 mm × 260 mm	
印　　　　张	12.75	
字　　　　数	320 千	
版　　　　次	2015 年 7 月第 1 版 2019 年 8 月第 2 版 2025 年 2 月第 3 版	
印　　　　次	2025 年 2 月第 10 次	
书　　　　号	ISBN 978-7-5774-0351-9	
定　　　　价	39.00 元	

课件咨询电话：028-81435775
图书如有印装质量问题　本社负责退换
版权所有　盗版必究　举报电话：028-87600562

第 3 版前言

高速铁路旅客运输具有运输能力大、安全舒适、快捷准时、能源消耗低、污染轻的优势，已经成为百姓出行首选的旅行方式。高速铁路旅客运输要最大限度地满足广大旅客在旅行上的需要；在旅行途中为旅客创造舒适愉快的环境和得到文化生活上的优质服务。

本书是在第 2 版的基础上修订而成，内容做了较大的改变，根据新版《铁路旅客运输规程》和《中国国家铁路集团有限公司铁路旅客运输规程》，补充了电子客票实施后的高速铁路客运设备、高速铁路电子客票售票作业、电子客票实施后高速铁路车站客运作业、到站电子化补票、客运站、车交接业务办理、复兴号智能动车组列车客运乘务作业、旅客服务信息系统应用、高速铁路旅客遗失品服务、节假日与军人优先运输、旅客投诉处理和客运营销服务工作；更新了高速铁路客运智能服务、高速铁路车站重点旅客服务、安全管理与应急处理等内容。

本书按照《高等职业学校高速铁路客运服务专业教学标准》要求编写，本书以实际岗位需求为目标，坚持实用可行的原则，实现职业技能提升。每个任务后面增加了实训情境描述和任务单，方便实训课程的组织与实施，增加课程思政教学设计。

本书共分为六个项目，主要内容包括：项目一高速铁路电子客票售票作业、项目二高速铁路车站客运作业、项目三复兴号智能动车组列车客运乘务作业、项目四高速铁路客运服务信息系统、项目五高速铁路客运服务、项目六高速铁路客运安全管理与应急处置。

本书由天津铁道职业技术学院王慧、中国铁路北京局集团有限公司天津站李嘉琦任主编，中国铁路北京局集团有限公司唐山站马昆、中国铁路北京局集团有限公司调度所马云玲、北京经纬信息技术有限公司王立军和长沙南方职业学院王丽娇任副主编。具体分工如下：李嘉琦编写项目一，马昆编写项目二，王丽娇编写项目三，王立军编写项目四，王慧编写项目五，马云玲编写项目六。

本书既可作为高等职业院校高速铁路客运服务、铁道交通运营管理等相关专业的教材，亦可作为铁路相关专业职工的培训教材以及相关专业人员工作的参考资料。

由于编者水平有限，书中难免存在不妥之处，敬请读者批评指正。

编 者
2024 年 12 月

第 2 版前言

高速铁路运输组织的特点是高速度、高密度、高正点率，高速度、高密度是高速铁路吸引旅客的重要因素。高速铁路具有运输能力大、安全舒适、快捷准时、能源消耗低、污染轻的优势，已经成为百姓出行首选的旅行方式。高速铁路旅客运输要求最大限度地满足广大旅客在旅行上的需要，在旅行途中为旅客创造舒适愉快的环境和使其得到文化生活上的优质服务。

本书是在第 1 版的基础上经过修订而成，全书仍然保持了原有的体例，但是内容做了较大的改变，补充了高速铁路客运站设备、"复兴号"动车组构造、电子车票和香港售票系统客票样票、新版铁路乘车证、高速铁路车站重点旅客服务、高速铁路智能客运服务和广深港高速铁路跨境列车旅客运输管理、高速铁路车站换乘应急处置演练、客票系统故障应急演练以及补充最新铁路售票作业、高速铁路车站客运作业和高速铁路车站客运应急处置。根据国家铁路局 2018 年新版铁路旅客车站设计规范，补充了高速铁路客运站设备；根据中国铁路总公司 2018 年新版铁路客运服务信息系统设计规范，补充了高速铁路智能客运服务。

《高速铁路客运组织》（第 2 版）教材除补充、更新上述内容外，在每个任务后面增加共 31 个高速铁路岗位作业指导书和高铁站台紧急停车演练、车站突发大客流及旅客列车大面积晚点应急预案，以二维码方式嵌入，给读者带去丰富的阅读体验与现场真实感受。

《高速铁路客运组织》（第 2 版）教材全面介绍了高速铁路客运基础知识、铁路售票、高速铁路车站客运组织、高速铁路客运服务以及高铁客运站客运和售票工作应急处置等内容的基本概念和基础理论。全书共分为 5 个项目，主要内容包括：项目一高速铁路客运设备、项目二高速铁路售票作业、项目三高速铁路车站客运作业、项目四高速铁路客运服务、项目五高速铁路车站客运应急处置。教材坚持继承与创新相结合、实用可行的原则，重点突出技能。

《高速铁路客运组织》（第 2 版）教材既可作为高等职业院校高速铁路客运乘务、铁道交通运营管理等相关专业的教材，亦可作为铁路相关专业职工的培训教材以及相关专业人员工作的参考资料。

本教材由天津铁道职业技术学院王慧、马海漫任主编，长沙南方职业学院王丽娇和中国铁路北京局集团有限公司天津站方钢参编。具体分工如下：王慧编写项目一、项目二、项目四；方钢编写项目三任务 1，马海漫编写项目三任务 2 和任务 3，王丽娇编写项目五。

由于编者水平有限，书中难免有不妥之处，敬请批评指正。

编　者

2019 年 6 月

第1版前言

高速铁路运输组织的特点是高速度、高密度、高正点率,其中,高速度、高密度是高速铁路吸引旅客的重要因素。高速铁路作为一种新型的交通方式,具有运输能力大、安全舒适、快捷准时、能源消耗低、污染轻的优势,已经成为百姓出行首选的旅行方式。

高速铁路客流的特点主要有:公务流为主流,旅游流不断增长;旅客的年龄构成以中青年为主;商务流的比例不断增加;旅客最关心的是速度和安全;短途流比例大。因为此客流结构对时间和效率的关注高,对乘车的舒适度要求高,因此高速铁路旅客运输要最大限度地满足广大旅客在旅行上的需要,要安全、迅速、准确、便利地运送旅客,要在旅行途中为旅客创造舒适愉快的环境并提供文化生活上的优质服务。

本书全面介绍了铁路旅客运输的法律法规、铁路售票作业、高速铁路车站客运组织、动车组乘务工作组织以及高铁客运站客运工作和售票工作应急处理等内容。全书共分为五个项目,主要内容包括:项目一,客运工作法律法规;项目二,售票作业;项目三,高铁车站客运组织;项目四,动车乘务组织;项目五,高铁客运站应急处理。本书坚持继承与创新相结合、实用可行的原则,重点突出技能、应急处理。

本书既可作为高等职业院校高速铁路动车乘务、铁道交通运营管理等相关专业的教材,亦可作为铁路相关专业职工的培训教材以及相关专业人员工作的参考资料。

本书由天津铁道职业技术学院马海漫、宋玉佳任主编,天津铁道职业技术学院毕树林、张文焕任副主编,北京铁路局北京南站刘妍、武汉铁路局漯河车站袁成成、北京铁路局天津客运段胡博、天津滨海快速交通发展有限公司巩铮参加编写。具体分工如下:毕树林编写项目一,宋玉佳、张文焕、刘妍编写项目二,马海漫、巩铮编写项目三,马海漫、胡博编写项目四,宋玉佳、袁成成编写项目五。

由于编者水平有限,书中难免存在不妥之处,敬请读者批评指正。

编 者
2015 年 5 月

多媒体资源目录

二维码编号	项目任务	资源名称	页码
二维码1	项目一任务2	窗口现金售票	20
二维码2	项目一任务2	电子支付售票	20
二维码3	项目一任务2	窗口售学生票	20
二维码4	项目一任务2	窗口打印行程信息提示	21
二维码5	项目一任务3	自动售票机打印行程提示单	39
二维码6	项目二任务1	自助验证	53
二维码7	项目二任务1	人工验证口大人带小孩进站组织	54
二维码8	项目二任务1	人工验证口旅客持户口本进站组织	54
二维码9	项目二任务1	人工验证口旅客持临时身份证进站组织	54
二维码10	项目二任务1	人工验证口外籍旅客持护照进站组织	54
二维码11	项目二任务1	人工验证口重点旅客进站组织	54
二维码12	项目二任务1	候车室打印行程信息提示单	58
二维码13	项目二任务2	自助检票	62
二维码14	项目二任务2	人工检票	62
二维码15	项目二任务2	手持检票机安装	63
二维码16	项目二任务2	手持检票机使用	63
二维码17	项目二任务2	检票后站台乘车	68
二维码18	项目二任务2	站台组织乘车	68
二维码19	项目二任务2	扶梯岗位作业	74
二维码20	项目二任务3	电子客票自助出站	75
二维码21	项目三任务3	列车长查验电子客票	103
二维码22	项目四任务2	综控室客运员班中作业	122
二维码23	项目五任务6	铁路常旅客服务	168
二维码24	—	课程思政教学设计	封底

目　录

项目一　高速铁路电子客票售票作业 1
　　任务 1　高速铁路售票工作基础知识 1
　　任务 2　窗口计算机售票 14
　　任务 3　自助售票 34
　　复习思考题 45

项目二　高速铁路车站客运作业 46
　　任务 1　旅客进站组织 46
　　任务 2　检票及站台乘降组织 61
　　任务 3　旅客出站组织 72
　　任务 4　站、车交接作业 83
　　复习思考题 87

项目三　复兴号智能动车组列车客运乘务作业 88
　　任务 1　二等座客运乘务作业 88
　　任务 2　商务、一等座客运乘务作业 95
　　任务 3　列车长客运乘务作业 100
　　复习思考题 108

项目四　高速铁路客运服务信息系统 109
　　任务 1　铁路客票系统运用 109
　　任务 2　旅客服务信息系统运用 115
　　任务 3　铁路客户服务中心系统运用 129
　　复习思考题 136

项目五　高速铁路客运服务 137
　　任务 1　高速铁路智能客运服务 137
　　任务 2　高速铁路重点旅客服务 145

任务3　高速铁路旅客遗失品服务 152
　　任务4　旅客投诉处理 158
　　任务5　节假日与军人优先运输服务 164
　　任务6　高速铁路客运营销服务 168
　　复习思考题 178

项目六　高速铁路客运安全管理与应急处置 179
　　任务1　车站客运安全管理与应急处置 179
　　任务2　动车组列车客运安全管理与应急处置 185
　　复习思考题 193

参考文献 194

项目一 高速铁路电子客票售票作业

项目描述

售票作业是高速铁路旅客运输的主要作业,包括利用计算机等各种手段发售各种车票,处理有关票务的各种问题。本项目主要介绍有关高速铁路售票工作的基本知识、车票业务办理的相关规定和标准以及窗口计算机售票、自助售票等售票作业内容。

学习目标

1. 素质目标

通过学习铁路售票工作的内容及要求,培养学生弘扬诚信文化,立志做有理想、敢担当、能吃苦、肯奋斗的新时代好青年;树立"人民铁路为人民"的职业情操;具有良好的职业道德和职业素养;具有良好的身心素质和自我管理能力。

2. 能力目标

能够熟练使用窗口计算机进行人工售票、改签、退票;能够熟练使用并指导旅客使用互联网购票及自动售票机购买车票。

3. 知识目标

掌握售票与购票基本要求及车票发售条件;掌握人工售票、互联网购票、改签和退票的依据及方法;掌握自动售票机的使用方法。

任务1 高速铁路售票工作基础知识

任务引入

车票是铁路旅客运输合同的凭证,可以采用电子数据形式或者纸质形式。《中国国家铁路集团有限公司铁路旅客运输规程》中定义车票是以电子数据形式体现的铁路旅客运输合同的凭证,并实施车票实名制管理。

请思考:铁路电子客票具有哪些优点?

相关知识

为维护铁路旅客运输正常秩序,保护铁路旅客运输合同各方当事人的合法权益,依据《中华人民共和国民法典》《中华人民共和国铁路法》《铁路安全管理条例》等法律、行政法规和

《铁路旅客运输规程》《铁路旅客车票实名制管理办法》等有关规定，制定《中国国家铁路集团有限公司铁路旅客运输规程》。

一、《中国国家铁路集团有限公司铁路旅客运输规程》相关术语定义

（1）旅客：持有铁路有效乘车凭证的人。

（2）儿童：本规程所指的儿童是指符合购买铁路儿童优惠票条件和免费乘车条件的未成年人。

（3）车票实名制管理。

车票实名购买和实名查验统称为车票实名制管理。

① 车票实名购买。车票实名购买是指购票人凭乘车人的有效身份证件购买车票，铁路运输企业凭乘车人的有效身份证件销售车票，并记录旅客身份信息和购票信息的行为。

② 车票实名查验。车票实名查验是指铁路运输企业对实行车票实名购买的车票记载的身份信息与乘车人及其有效身份证件进行一致性核对，并记录旅客乘车信息的行为。

（4）联程车票：旅客分段购买的，出发地至目的地间可联程接续的多段车票；前段车票到站与后段车票发站应为同一或同城铁路客运营业站（以下简称车站），且前段车票到站时间与后段车票开车时间间隔不超过24小时。

（5）铁路车票销售代理人：与铁路运输企业签有代售合同，办理铁路车票销售经营业务的独立法人组织。

（6）席位：车票载明的车厢，以及座位或铺位位置。

（7）席别：旅客列车席位的类别，包括硬座、软座、二等座、一等座、特等座、商务座、硬卧、软卧、高级软卧、二等卧、一等卧等。

（8）改签：旅客变更乘车日期、时间、车次、席位、席别和到站时需办理的签证手续。

（9）客运记录：在旅客或行李运输过程中因特殊情况，铁路运输企业与旅客之间需记载某种事项或车站与列车之间办理业务交接的纸质或电子凭证。

（10）时间：以北京时间为准，从零时起计算，实行24小时制。

（11）报销凭证：铁路运输企业在提供售票、改签、退票等服务后开具的收付款凭证。报销凭证仅可开具一次，不能重复领取。

以上、以下、以前、以后、以内、以外均含本数，超过、未满、不足均不含本数。

二、售票与购票基本要求

（一）旅客运输合同

铁路旅客运输合同是明确铁路运输企业与旅客之间权利义务关系的协议。铁路旅客运输合同从售出车票时起成立，至按车票规定运输结束旅客出站时止，为合同履行完毕。旅客运输的运送期间自检票起至到站出站时止计算。旅客自行中途下车，出站时铁路旅客运输合同履行终止。电子客票进出站记录如图1-1-1所示。

图 1-1-1　电子客票进出站记录

（二）车票主要信息

车票是铁路旅客运输合同的凭证，可以采用电子数据或纸质形式。车票票价为旅客购票时的执行票价。铁路运输企业调整票价时，已售出的车票不再补收或退还票价差额。除有效期有其他规定的车票外，车票当日当次有效。旅客自行中途上车、下车的，未乘区间的票款不予退还。

车票（特殊票种除外）主要信息应包含发站和到站站名；车厢号、席位号、席别；票价；车次；乘车日期和开车时间；有效期；旅客身份证件信息。

（三）实名制购票有效身份证件

旅客应向铁路运输企业提供真实有效的联系方式。发售实名制车票时，铁路运输企业可以记录、保存并在铁路服务过程中使用旅客信息、联系方式，按国家规定承担相应的保密义务。

1. 购买车票方式

车票应通过铁路运输企业提供的车站售票窗口、自动售票机、中国铁路 12306 网站（含铁路 12306 移动端，以下简称 12306 网站）、订票电话或铁路车票销售代理人的售票处购买。旅客应按约定支付运输费用，购票后应核对票、款，妥善保管车票信息及购票时所使用的有效身份证件。

2. 车站售票窗口、销售代理人的售票处、列车上购票、补票时使用的有效身份证件

通过车站售票窗口、铁路车票销售代理人的售票处购票或列车上购票、补票时，可以使用的有效身份证件包括：中华人民共和国居民身份证（含中华人民共和国临时居民身份证）、居民户口簿、中华人民共和国护照、中华人民共和国出入境通行证、中华人民共和国旅行证、新生儿出生医学证明、军官证、警官证、文职干部证、义务兵证、士官证、军士证、警士证、文职人员证，海员证以及公安机关出具的临时乘车身份证明；中华人民共和国港澳居民居住证，中华人民共和国台湾居民居住证，港澳居民来往内地通行证，往来港澳通行证，大陆居民往来台湾通行证，台湾居民来往大陆通行证；外国人永久居留身份证，外国人护照，外国人出入境证，公安机关出具的外国人签证证件受理回执、护照报失证明，各国驻华使领馆签发的临时性国际旅行证件（应当附具公安机关签发的有效签证或者停留证件。）

3. 12306 网站、订票电话购票时使用的有效身份证件

通过 12306 网站、订票电话购票时，可以使用的有效身份证件包括：中华人民共和国居民身份证（含中华人民共和国临时居民身份证），中华人民共和国护照；中华人民共和国港澳居民居住证，中华人民共和国台湾居民居住证，港澳居民来往内地通行证，台湾居民来往大陆通行证；外国人永久居留身份证，外国人护照。

4. 自动售票机购票时使用的有效身份证件

通过自动售票机购票时，可以使用的有效身份证件包括：中华人民共和国居民身份证，中华人民共和国护照，中华人民共和国港澳居民居住证，港澳居民来往内地能行证，台湾居民来往大陆能行证，中华人民共和国台湾居民居住证，外国人永久居留身份证。

（四）行程信息提示

铁路运输企业发售车票时，根据旅客需要提供载有车票主要信息的"行程信息提示"。通过12306网站购票的，"行程信息提示"可通过网站自行打印或下载。"行程信息提示"仅作为旅客购票的信息提示，不能作为乘车凭证使用。行程信息提示主要包括：乘车时间、票价、发到站、车次、席位信息、检票口、乘车人身份信息、电子客票号、订单号、二维码、有效期及温馨提示等。行程信息提示如图1-1-2所示。

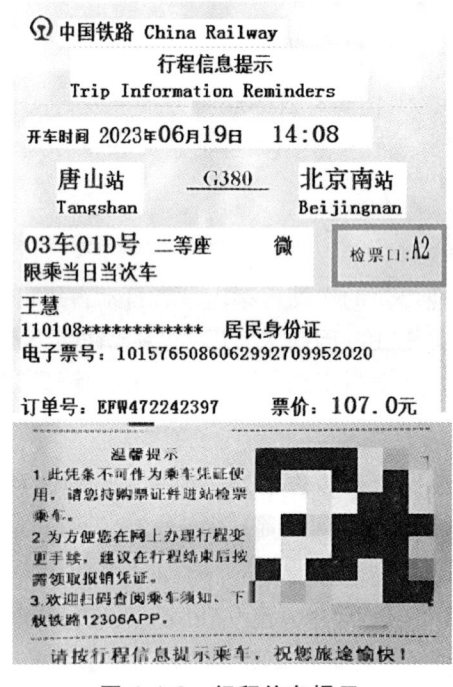

图1-1-2 行程信息提示

（五）报销凭证

1. 纸质报销凭证

需要报销凭证的旅客，应在开车前或乘车日期之日起180日以内，凭购票时所使用的有效身份证件到车站售票窗口、自动售票机换取。报销凭证注有"仅供报销使用"字样，不能作为乘车凭证使用。报销凭证的信息主要包括：乘车时间、票价、发到站、车次、席位信息、检票口、乘车人身份信息等内容。

2. 客运电子发票

中国国家铁路集团有限公司在全国铁路推广全面数字化的客运电子发票服务，旅客办理境内铁路电子客票购票、退票、改签业务后，可通过铁路12306（网站和移动客户端）开具电子发票。

旅客在行程结束或者支付退票（改签）费用后180天内，可登录本人铁路12306账户申请开具电子发票，在输入购买方名称、统一社会信用代码等信息后，系统将据实开具电子发票，并向税务部门上传电子发票的数据文件。旅客可通过铁路12306或个人所得税APP查询、下载电子发票。

旅客如填写发票信息有误，或遇运输服务中止致行程改变等情况，可在180天内按照准确信息或实际行程重新申请开具1次新的电子发票，原电子发票作废。

购买方可通过国家税务总局电子发票服务平台的税务数字账户进行电子发票查验、下载、税款抵扣等，也可通过全国增值税发票查验平台查验。铁路运输企业为旅客开具电子发票后，不再提供纸质报销凭证，旅客不能同时开具电子发票和纸质报销凭证。

报销凭证如图1-1-3所示。

图 1-1-3　报销凭证

（六）售票工作其他业务

铁路运输企业开办定期票、计次票、乘车卡等多种业务时，具体售票、改签、退票、检票等业务规则由开办业务的铁路运输企业另行规定。

1. 实名制储值卡

储值卡是为了免除经常外出旅行的旅客反复购票的麻烦，发售的能多次使用的车票。

中铁银通卡是由中铁银通支付有限公司发行的预付卡，分为金卡和银卡两种，中铁银通卡是磁条芯片双介质复合卡。持卡人预存一定金额后，联机账户支持持卡人在铁路售票窗口、铁路客运车站内自助售票设备和中国铁路客户服务中心网站购票等联机消费功能。

中铁银通卡仅限于持卡人本人使用，不取现、不计息、不可透支，有效期标注在卡片正面，过期后须到指定售卡网点办理换卡手续。中铁银通卡刷卡乘车时，金卡按一等座票价扣款，银卡按二等座票价扣款，旅客可以持卡至预留席车厢乘车。

中铁银通卡正面和背面如图1-1-4和图1-1-5所示。

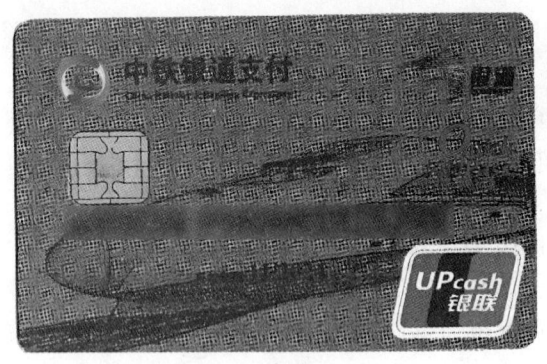

图 1-1-4　中铁银通卡正面　　　　　图 1-1-5　中铁银通卡背面

2. 铁路 e 卡通

铁路 e 卡通是由中铁银通支付有限公司发行的新一代银通卡的实名制电子卡片产品，不配发实体卡片。客户通过线上渠道完成铁路 e 卡通的申请与开通，开卡完成后将获得账户账号。铁路 e 卡通产品为中铁银通支付有限公司联合中国银行进行运营和管理，账户采用中国银行Ⅱ类户。铁路 e 卡通支持铁路自助实名核验、扫码快速乘车等方便快捷的铁路特色应用，同时还具有银行账户功能。

3. 计次票、定期票

计次票、定期票是铁路部门推出的新型票制产品，持有者可在规定的有效期内，乘坐规定次数的、购买产品时指定发到站及席别的列车。计次票是在 90 天有效期内，乘坐 20 次指定发到站和指定席别的列车的全价成人票。定期票是在 30 天有效期内，最多乘坐 60 次指定发到站和指定席别列车的全价成人票。计次票、定期票售票界面如图 1-1-6 所示。

图 1-1-6　计次票、定期票售票界面

（1）启用方式。

购买产品后，须在 30 天内（含当天，下同）启用乘车，30 天内未乘车的，产品自动失效并全额退款。

（2）购退规则。

旅客可通过12306网站和铁路12306移动端实名购买。同一乘车人最多只能同时购买两个相同发到站的产品，但可以同时购买多个不同发到站的产品。

产品一经启用乘车，票款不予退还。未启用乘车的，由购买人通过原购买渠道申请退款，退款在15个工作日内通过原支付方式全额退还。

（3）使用规则。

产品仅限乘车人本人使用。同一乘车人仅限启用一个相同发到站的产品，但可启用多个不同发到站的产品。

（4）乘车预约方式。

① 席位预约方式乘车。

旅客可通过12306网站、"铁路12306"移动端预约席位，也可在铁路票务自助终端预约席位。产品可预约的席位与12306网站可售车票一致，每个产品最多可预约4个待使用席位。

行程变更时，应于开车前取消所预约的席位，不收取费用。未取消预约的视为一次乘车。

开车前48小时内预约席位取消次数累计达到5次的，可预约的待使用席位数量调整为1个。

预约席位后，乘车人持购买产品时所使用的有效身份证件原件进站检票乘车。

② 直接刷证方式乘车（与银通卡方式相似，但不用取号）。

旅客于列车检票时在检票闸机或人工检票口获取产品席位。产品直接刷证使用的席位与12306网站可售车票一致。席位信息通过短信推送至乘车人预留手机号，刷证时席位信息在闸机处有显示。

（5）出站规定。

须持购买产品时所使用的有效身份证件原件通过检票闸机或人工检票口检票出站。

报销凭证为产品总额凭证，非单次列车报销凭证。

三、车票发售条件

车票最远发售至本次列车终到站。铁路运输企业另有规定的票种除外。

（一）儿童优惠票

除需要乘坐旅客列车通勤上学的学生和铁路运输企业同意在旅途中监护的儿童外，未满14周岁的儿童应当随同成年人旅客旅行。

（1）随同成年人乘车的儿童，年满6周岁且未满14周岁的应当购买儿童优惠票；年满14周岁，应当购买全价票。每一名持票成年人旅客可免费携带一名未满6周岁且不单独占用席位的儿童乘车，超过一名时，超过人数应购买儿童优惠票。儿童年龄按乘车日期计算。

（2）旅客携带免费乘车儿童时，应当在购票时向铁路运输企业提前申明，购票申明时使用的免费乘车儿童有效身份证件为其乘车凭证。

（3）免费乘车的儿童单独使用席位时应购买儿童优惠票。

（4）儿童优惠票的乘车日期、车次及席别应与同行成年人所持车票相同，到站不得远于成年人车票的到站。

（二）学生优惠票

1. 学生优惠票购票条件

在全日制高等学校（含国务院教育行政部门、省级人民政府审批设置的实施高等学历教育的民办学校）、承担研究生教育任务的科学研究机构，军事院校，普通中、小学和中等职业学校（含有实施学历教育资格的公办及民办中等专业学校、职业高中、技工学校），国务院或国务院宗教事务局批准的正式宗教院校就读的学生、研究生，家庭居住地和学校所在地不在同一城市时，凭附有标注减价优惠区间和火车票学生优惠卡的学生证（中、小学生凭加盖学校公章的书面证明），优惠区间应加盖院校公章，每学年（10月1日至次年9月30日）可购买家庭居住地至院校（实习地点）所在地之间四次单程的学生优惠票。新生凭录取通知书、毕业生凭盖有院校公章的学校书面证明当年可买一次学生优惠票。学生优惠票限于使用普通旅客列车硬座、硬卧和动车组列车二等座。

华侨学生和港澳台学生可购买学校所在地车站至口岸城市车站间的学生优惠票。铁路运输企业另有规定的除外。

火车票学生优惠卡内需载明学生姓名、有效身份证件号码、优惠乘车区间、入学日期、优惠乘车次数等信息。应有而没有"火车票学生优惠卡"，"火车票学生优惠卡"所载信息不全、不能识别或者与学生证记载不一致的，不发售学生优惠票。

学生证的减价优惠区间更改时，应重新加盖院校公章，并修改火车票学生优惠卡内相关信息。

学生优惠票根据减价优惠区间按相对近径路或合理径路发票。在减价优惠区间内购买联程车票时，扣减一次优惠乘车次数。超过减价优惠区间的，不发售学生优惠票。

优惠乘车次数按学年使用有效，当学年不能使用下一学年的次数，当学年未使用的不能留作下学年使用。

2. 优惠资质认证核验

学生每学年乘车前应通过12306网站或到车站指定售票窗口、自动售票机办理一次学生优惠资质核验手续。通过车站指定售票窗口或自动售票机办理学生优惠资质核验手续时，应出具本人有效身份证件和学生证（附有火车票学生优惠卡），没有火车票学生优惠卡，火车票学生优惠卡所载信息不全、不能识别或者与学生证记载不一致的，无法通过学生优惠资质核验。

（三）残疾军人优待票

持中华人民共和国残疾军人证、中华人民共和国伤残人民警察证、国家综合性消防救援队伍残疾人员证的人员凭证可以购买优待票。

四、车票改签和退票

（一）车票改签

在铁路运输企业有运输能力的前提下，旅客可办理一次改签，必要时，铁路运输企业可以临时调整改签办法。

1. 改签办理时间

（1）开车前 48 小时以上，可免费改签预售期内的列车。
（2）开车前不足 48 小时，可免费改签车票载明的乘车日期以前的列车。
（3）开车前不足 48 小时，可改签车票载明的乘车日期之后预售期内列车，核收改签费。
（4）开车后，在当日 24 时之前，可免费改签当日其他列车。
（5）开车后，在当日 24 时之前，可改签车票载明的乘车日期之后预售期内列车，核收改签费。
（6）办理变更到站的改签时，应在开车前 48 小时以上，原车票已托运行李的，还应办理行李变更或取消业务。

2. 改签办理条件

旅客可在车站售票窗口、12306 网站和具备改签功能的自动售票机办理改签。
（1）凭各种有效身份证件购买的车票均可在车站售票窗口办理改签，但已打印报销凭证的和使用现金支付方式购买的车票，仅可在车站售票窗口办理改签；凭 12306 网站购票证件且使用电子支付方式购买的车票，可通过 12306 网站办理改签；在具备改签功能的自动售票机办理改签时，应按系统提示办理。

改签后如需改签费报销凭证的，可在办理之日起 180 日以内，凭改签时所使用的有效身份证件到车站售票窗口、自动售票机开具。
（2）在车站售票窗口办理改签时，乘车人须出具购票时使用有效身份证件；他人代办时应出具代办人有效身份证件及乘车人购票时使用的有效身份证件。
（3）旅客办理已打印报销凭证的车票改签时，须交回报销凭证。报销凭证无法交回或不可识别、不完整时，铁路运输企业不予办理改签。

3. 改签票价处理

（1）旅客办理改签时，改签后的车票票价高于原票价时，核收票价差额；改签后的车票票价低于原票价时，退还票价差额，核收票价差额的退票费。
（2）旅客在列车上办理席位变更时，变更后的票价高于原票价时，核收票价差额；变更后的票价低于原票价时，票价差额部分不予退还。
（3）因铁路运输企业责任使旅客不能按车票载明的日期、时间、车次、车厢号、席位号、席别乘车时，站、车应妥善安排。重新安排的席位票价高于原票价时，超过部分不予补收；低于原票价时，应当退还票价差额，不收退票费。
（4）旅客要求越过车票到站继续乘车时，须在原车票到站前提出，在有运输能力的情况下列车可予以办理，核收越站区间的票款；无运输能力时，列车有权拒绝旅客补票和继续乘车。

4. 铁路常旅客改签处理

（1）积分兑换的车票可办理一次改签业务，改签范围仍为允许积分兑换的车票，并有相应的积分。改签新票票价高于原票票价时需使用积分支付差额，新票票价低于原票票价时差额不退。

（2）距车票乘车站开车前 48 小时以上改签时，或开车前不足 48 小时改签票面乘车日期及以前的列车时，以及开车后在当日 24 时之前改签当日其他列车时，核收 1000 积分改签费。

（3）距车票乘车站开车前 24 小时以上、不足 48 小时，改签票面乘车日期之后的列车时，按改签前后低票价车票积分的 5%核收改签费；开车前不足 24 小时，改签票面乘车日期之后的列车时，按改签前后低票价车票积分的 15%核收改签费；开车后在当日 24 时之前，改签次日及以后列车时，按改签前后低票价车票积分的 40%核收改签费；改签费低于 1000 积分时，按 1000 积分核收改签费。

（二）退票处理

1. 旅客要求退票

（1）退票办理规定。

① 旅客要求退票时，须在车票载明的日期、车次开车时间前办理。退票核收退票费，应退票款按购票时的支付方式退还。

② 退票后如需票费报销凭证的，可在办理之日起 180 日以内到车站售票窗口、自动售票机凭购票时使用的有效身份证件开具。

退票费报销凭证如图 1-1-7 所示。

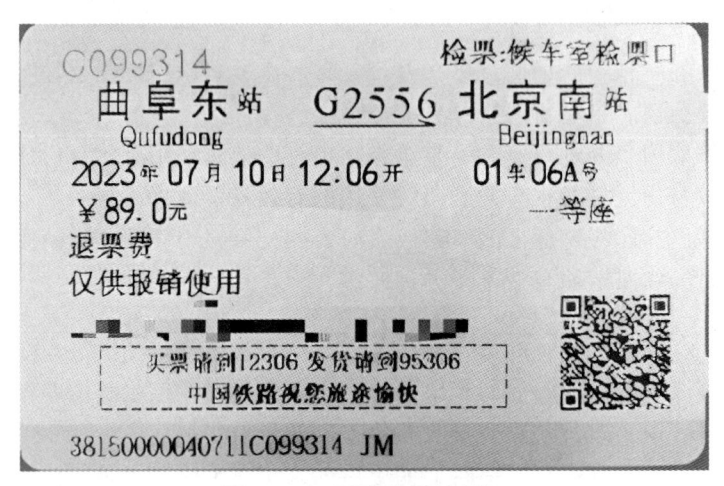

图 1-1-7　退票费报销凭证

③ 不办理退票的情况：车票发站开车后、开车后改签的车票、加收的票款、车补车票（因未通过或未办理学生资质核验和丢失购票时使用的有效身份证件，而办理的补票除外）。

（2）退票办理条件。

① 旅客可在车站售票窗口、12306 网站和具备退票功能的自动售票机办理退票。

② 凭各种证件购买的车票均可在车站售票窗口办理退票；凭 12306 网站购票证件购买

的车票可在12306网站办理退票；在具备退票功能的自动售票机办理退票时，应按系统提示办理。

③ 旅客使用12306网站购票证件，通过现金方式购买或已打印报销凭证的车票，可通过12306网站先行办理退票，自网上办理退票成功之日起180日以内，凭乘车人有效身份证件到车站指定窗口办理退款手续。

④ 旅客办理已打印报销凭证的车票退票或退款手续时，须交回报销凭证。报销凭证无法交回或不可识别、不完整时，铁路运输企业不办理退票或退款。

⑤ 旅客旅行途中因伤、病不能继续旅行时，经站、车证实，可在下车后30日以内到下车站办理退票，退还已收票价与已乘区间票价差额，核收退票费；同行人同样办理。

（3）车站售票窗口办理退票。

① 乘车人本人办理的，需出具购票时所使用的有效身份证件，或发证机构办理的临时身份证明。

② 代乘车人办理的，须出具代办人的有效身份证件和购票时所使用的乘车人有效身份证件。

2．铁路运输企业责任退票

因铁路运输企业责任或自然灾害等其他不能正常运输情形导致旅客退票时按下列规定办理，不收退票费。

（1）在车票发站，退还全部票款。

（2）在中途站，退还未乘区间票款。

（3）在到站，退还车票未使用部分票款。

（4）列车因空调设备故障在运行过程中不能修复时，应退还未使用区间的空调费用。

3．列车晚点退票

因列车晚点导致旅客退票时，应在车票发站列车实际开车前办理，退还全部票款，不收退票费。晚点列车晚点信息公布前已购联程车票，可一并办理退票，不收退票费。

4．列车停运退票

因列车停运导致旅客退票时，旅客可自列车停运信息公布时起至车票乘车日期后30日以内办理退票手续，不收退票费。停运列车停运信息公布前购买的联程车票，可在联程车票开车前一并办理退票，不收退票费。

（三）改签、退票费核收标准

（1）距离面乘车站开车前48小时以上改签时，或开车前不足48小时改签票面乘车日期及以前的列车时，以及开车后在当日24时之前改签当日其他列车时，均不收改签费。

（2）开车前24小时以上、不足48小时，改签票面乘车日期之后的列车时，按改签前后低票价车票票面价格的5%计。

（3）开车前不足24小时，改签票面乘车日期之后的列车时，按改签前后低票价车票票面价格的15%计。

（4）开车后在当日24时之前，改签次日及以后列车时，按改签前后低票价车票票面价格的40%计。

（5）旅客可在车票载明的日期、车次开车时间前办理退票，退票核收退票费。退票费按如下梯次标准核收：距车票乘车站开车前8天以上的不收退票费；开车前48小时以上、不足8天的，按车票票面价格5%计；开车前24小时以上、不足48小时的，按车票票面价格10%计；开车前不足24小时的，按车票票面价格20%计。"以上"均含本数。距票面乘车站开车前不足8天的车票，改签至开车前8天以上的列车，又在距开车前8天以上退票的，核收5%的退票费。改签后的车票乘车日期在春运期间的，退票费按开车前不足24小时标准核收。

（四）误售、误购的处理

铁路运输企业责任导致的误售应免费办理退票或换发新票。在车站售票窗口发生旅客车票误售、误购时，旅客当场提出的，车站换发新票，需退还票价差额时，不收退票费。

五、铁路旅客乘意险

铁路乘意险是"铁路旅客人身意外伤害保险"简称，采用与纸质保单具有同等法律效力的电子保单形式。铁路乘意险由具备完全民事行为能力的旅客本人或其他对旅客具有保险利益的个人、组织投保，用于保障被保险人在保险期间内因遭受非本意的、外来的、突然发生和非疾病的意外事故，致使身故、伤残、或治疗的保险产品。

任务实施

1. 任务准备

（1）**设备准备**：仿真售票设备、模拟售票系统、实训室、专业训练服（可着正装）。

（2）**实训资料准备**：相关客票票据、实训任务单、铁路旅客运输规程、教材等。

（3）**情景准备**：实训前各小组查阅、收集资料，选择认知电子客票相关票据、优惠资质核验等情景，情景中包括高速铁路车站售票人员、高速铁路客运服务人员、旅客。

（4）**人员准备**：实训分小组进行，每组6~8人，每小组做好人员分工。

2. 实施步骤

（1）识别铁路购票有效身份证件。

（2）认知铁路电子客票相关票据。

（3）认知各种售票业务。

（4）优惠资质核验。

（5）组内互查，教师总结并评分、评价。

3. 任务单

训练名称	高速铁路售票基础工作训练		
班　级		姓　名	

1. 认知各种票据信息。

2. 认知旅客购票有效身份证件。

3. 获取行程信息提示和报销凭证。

4. 核验学生优惠票和残疾军人优待票资质。

任务总结：

4. 效果评价

	项目	A-优	B-良	C-中	D-及格	E-不及格	综合
小组评价	车票认知（15%）						
	有效身份证件（20%）						
	优惠资质确认（15%）						
	团队合作（10%）						
教师评价	车票认知（20%）						
	任务单（20%）						
	教师签名						

任务2 窗口计算机售票

任务引入

售票窗口设备繁多业务复杂，工作中主要涉及票据票款，是铁路收入管理的重点岗位。铁路运输企业实施车票实名制管理。购票人应当向铁路运输企业提供乘车人真实有效的联系方式。铁路运输企业对车票销售过程中知悉的旅客信息，应当予以保密，不得泄露、出售或者非法向他人提供。铁路运输企业应当公平销售车票，保留人工售票服务。

请思考：如何根据旅客需求按规定办理售票相关业务？

相关知识

随着客票系统的不断更新和完善，铁路售票窗口不仅能办理售票、签证、退票业务，还能办理身份信息核验、优惠资质采集、进站补票、失信补、互联网退票窗口领款、电子客票退票手续费发放、乘意险发售和退保等业务。

一、临时身份证明办理

（一）纸质临时身份证明办理

旅客购票时或购票后、乘车前因有效身份证件未携带、丢失等原因无法出示有效证件时，可以至车站人工"制证窗口"办理乘坐旅客列车临时身份证明。临时身份证明如图1-2-1所示。

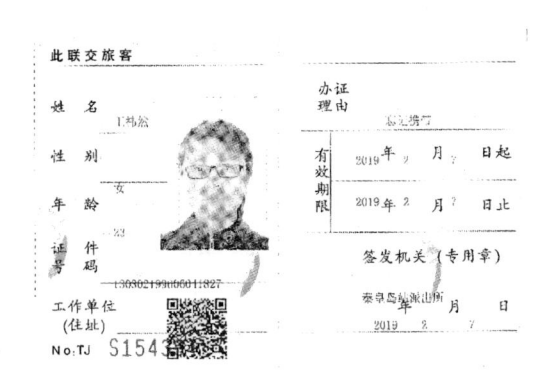

图1-2-1 临时乘车身份证明

临时乘车身份证明一式两联，载明旅客姓名、性别、年龄、有效身份证件类型和号码等内容，一联为公安部门留存，一联供旅客换票、改签、变更到站、退票、验证检票以及乘车使用，由旅客自行妥善保管，站车不予收回。

自助办理临时身份证明首先输入身份证号码，看准摄像头拍照认证；然后核对身份信息，确认打印。自助制证机如图1-2-2所示。

图 1-2-2　自助制证机

（二）电子临时乘车身份证明办理

旅客遗失或未携带身份证时，可在 12306 移动端在线提交电子临时乘车身份证明申请，通过后即可在车站完成购票、退、改签、进站、检票等业务服务。已办理中国居民身份证的未成年人可以申请电子临时乘车身份证明。电子临时乘车身份证明仅限于办理铁路各项业务使用，不能用于其他途径。

登录 12306 移动端，点击【更多】，在【温馨服务】栏点击【乘坐旅客列车临时身份证明】。在【临时乘车身份证明】页面里填写身份信息，包括姓名、身份证号，填写后点击"立即申请"。已登录铁路 12306 移动端用户打开【临时乘车身份证明】页面后，自动显示用户身份证信息。申请电子临时乘车身份证明时需授权开启定位服务，城市信息根据定位自动填充，输入完以上信息后，按提示进行人脸核验操作。

（1）为确保信息安全准确，未注册及未登录用户均需填写本人真实身份信息、完成本人操作确认后方可提交或查看申请；电子临时乘车身份证明暂时仅支持中国居民身份证。

（2）一个自然月一人仅可申请 3 次，每次申请成功电子临时乘车身份证明有效期为 24 小时。如果申请超过 3 次，需办理纸质临时乘车身份证明。

（3）在电子临时乘车身份证明二维码使用页面，二维码 60 秒自动更新一次，为了避免其他人冒用该二维码，30 分钟后需要用户重新通过人脸核验确定本人操作。

（4）当 12306 移动端被退出登录、缓存清理后，查看申请电子临时乘车身份证明，需要通过人脸核验再次确定本人操作。

（5）为了方便旅客预先准备，允许旅客在当前电子临时乘车身份证明失效前 3 个小时，提前申请新的电子临时乘车身份证明。

电子临时乘车身份证明办理如图 1-2-3 所示。

图 1-2-3　电子临时乘车身份证明办理

二、窗口售票设备及功能

售票窗口配备验钞机、铁路乘意险购买器等设备按固定位置摆放。在窗口正上方设置窗口屏，显示窗口号、窗口功能、工作时间或状态等信息。设置工号牌或采用电子显示屏，显示售票人员姓名、工号、本人正面二寸工作服彩色白底照片等信息。有剩余票额信息显示屏，及时、正确显示日期、车次、始发站、终到站、开车时刻、各席别剩余票额等售票信息。有存放票据、现金的场所和设备，具备防潮、防鼠、防盗、监控和报警功能。

售票员备品包括本人名章、本人二代身份证、本人对外服务胸卡、款袋、财收 22、22-1 报表、借款单、抽屉（锁）等。

售票窗口布置如图 1-2-4 所示。

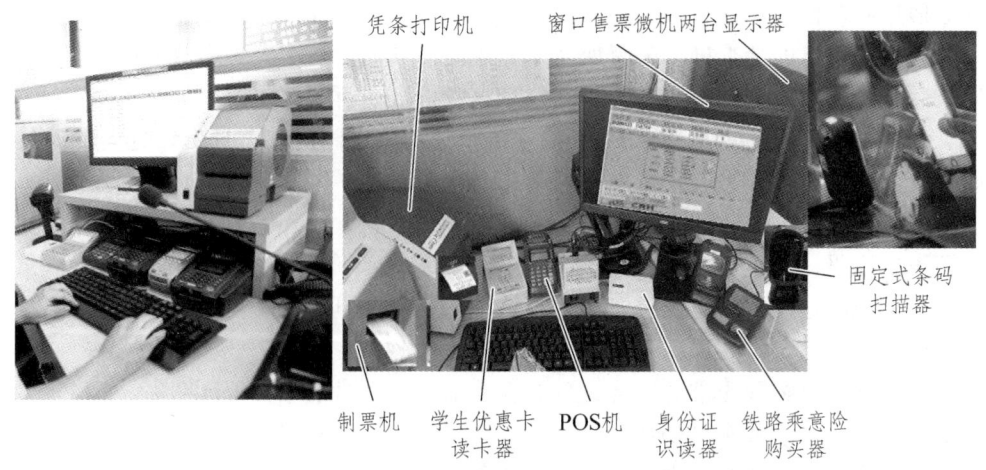

图 1-2-4　售票窗口设备设施

1. 窗口售票计算机

窗口售票计算机是实现车票发售的主要设备。售票计算机要求安装 WINDOWS XP 等以上操作系统和铁路客票发售和预订系统软件(简称"TRS"),按售票员指令实现售票、退票、改签等功能,一般情况下,窗口售票微机包括两台显示器,分别向售票员和旅客显示,售票窗口计算机不配备鼠标。

2. 制票机

制票机接收售票计算机的指令,通过热转印头、票卷打印报销凭证。

3. 学生优惠卡读卡器

学生优惠卡读卡器通过感应区自动读取学生优惠卡信息,自动或手工扣减或增加学生购票次数,实现学生票的规范管理。售票窗口设置发售学生票,在必须读取学生优惠卡时,将学生优惠卡放在感应区,售票程序会自动扣除优惠卡购票次数。

4. 身份证识读器

通过感应区自动读取旅客身份证信息。

5. 二维码识读设备

通过扫描车票、行程信息提示单、报销凭证上的二维码,在系统中还原车票信息,从而实现车票的改签、退票、等功能。二维码识读设备如图 1-2-5 所示。

图 1-2-5　二维码扫描器

6. POS 机

通过 POS 机可实现银行卡电子交易。POS 机组成如图 1-2-6 所示。

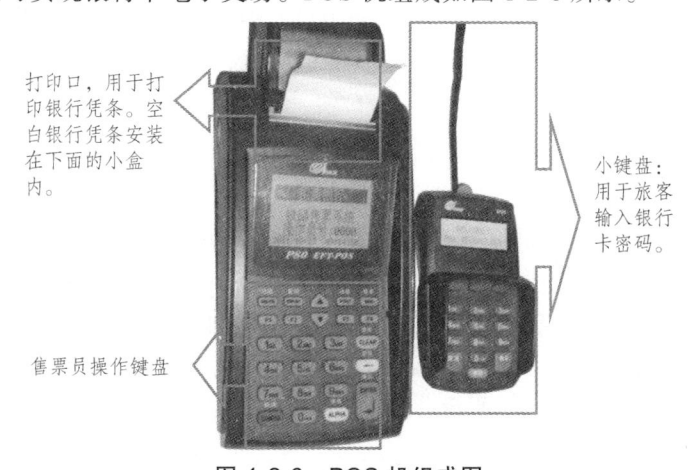

图 1-2-6　POS 机组成图

7. 固定式条码扫描器(软 POS)

固定式条码扫描器用于旅客支付宝/微信扫描付款使用。

8. 凭条打印机

电子客票实施后每个售票窗口均需配备行程信息提示打印设备。行程信息提示打印设备

17

为旅客打印行程信息提示单、还可以打印支付凭条和铁路乘意险信息单。丢失行程信息提示可再次打印，车站售票窗口、铁路票务自助终端和铁路代售点向旅客发售铁路电子客票时，应提供行程信息提示，不出具纸质车票，旅客须当场核对购票信息。

三、窗口售退票准备作业

开窗口售退票作业前，售票员必须按规定程序和标准做好备用金、票据票款、设备备品、调度命令、岗位卫生等清点交接工作，按规定程序开启窗口设备并登录售退票程序。

（一）清点备用金

将请领或交接的备用金按面值分别逐张清点，无误后分别放入找零（退票）抽屉内。备用金交接必须当面签字，严禁信用交接。

（二）清点票据

按照交接班本上交接的票据种类及起止票号，逐项清点窗口票箱和制票机上票据是否相符、是否充足，不相符时及时提出，不足时及时请领。退票窗口逐项清点退票费报销凭证和退票报销凭证。票据的交接同备用金一样，必须当面交接签字，严禁信用交接。

（三）开机操作流程

售票窗口按照制票机、学生优惠卡读卡器、身份证识读设备、POS 机、"行程信息提示"凭条打印设备、显示器、售票主机的顺序，依次进行开机操作。退票窗口按照制票机、学生优惠卡读卡器、身份证识读设备、POS 机、显示器、退票主机的顺序进行开机操作。

（四）设备初始化流程

1. 制票机初始化

（1）开机后，按 Win+D 配合"↑""↓""←""→。"箭头键选中电脑桌面上的"售票"程序图标，并按回车键启动售票程序，也可在"开始"菜单中用"↑""↓"箭头键选中"售票"程序后，按回车键启动售票程序。售票程序启动后即对制票机进行初始化。

（2）制票机初始化完成后系统弹出"请仔细核对制票机票号"提示框，须认真核对制票机上票卷印刷票号与计算机上记账票号是否一致，票号不一致时，需登录售票程序进行票号调整。

制票机初始化界面如图 1-2-7 所示。

2. 学生优惠卡读卡器初始化

（1）窗口如未连接学生优惠卡读卡器，或学生优惠卡读卡器开关未开，系统弹出"学生优惠卡读卡器初始化不成功，确实要进入程序吗？"对话框。

（2）选择"是"，登录售票程序脱机发售学生票或不发售学生票；选择"否"，系统将自动退出并关机，检查学生优惠卡读卡器的连接和开关，将其连接开启后重新开机。学生优惠卡读卡器初始化界面如图 1-2-8 所示。

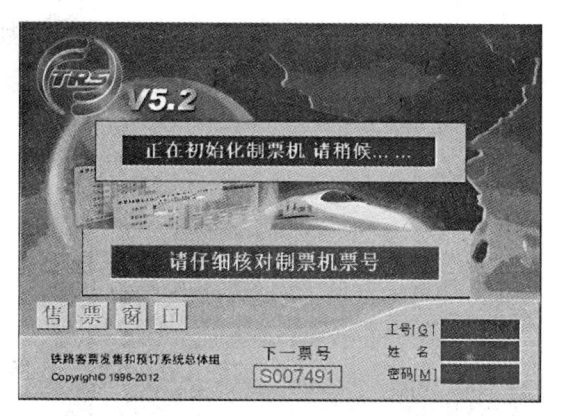

图 1-2-7　制票机初始化界面

图 1-2-8　学生优惠卡读卡器初始化界面

（五）登　录

1. 工号密码登录

使用本人身份证，将证件放在身份证识读器上按 F7 刷新工号、姓名（如身份证消磁，使用手工输入）后，正确输入工号及密码，系统对输入的工号和密码进行校验（退票系统需确认售票员的退票权限）。

2. 选择班次

登录后正确选择班次（白班、夜班、日勤）进入售票或退票系统，选择班次时核对记账日期是否正确。工号密码选择班次界面如图 1-2-9 所示。

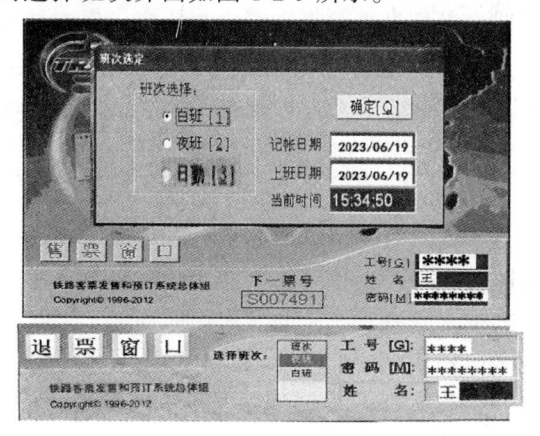

图 1-2-9　工号密码选择班次界面

3. POS机签到

在POS机签到界面输入售票员工号（与售票工号一致），输入密码后（与工号一致），显示签到成功。

4. 软POS签到

通过菜单或快捷键选择Alt+A→Alt+F选择售退票界面辅助功能"主菜单"下"软POS签到"功能，按回车键进入软POS操作窗口，按Alt+R签到。软POS签到成功后才能办理微信、支付宝支付和结算业务。软POS签到如图1-2-10所示。

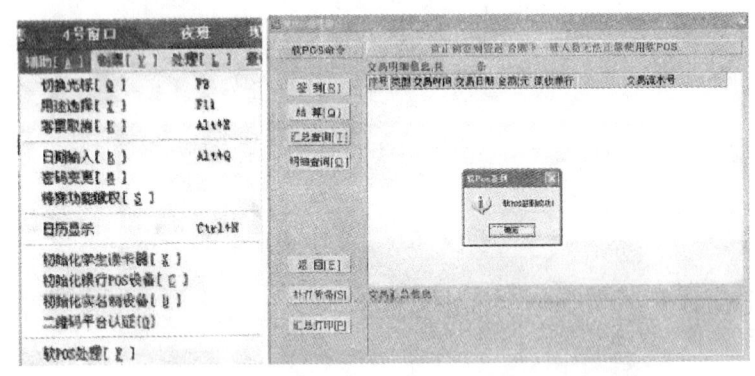

图1-2-10 软POS签到操作

四、窗口售票操作

（一）售票操作基本要求

（1）问清旅客乘车日期、车次、到站、座别、票种、张数、经由，正确选择售票方式。

（2）输入旅客乘车日期、车次、发到站、票种、张数、席别，告知旅客票价。

（3）与旅客核对购票信息无误后（分配"静音车厢"席位告知旅客"静音车厢"相关规定，如需更换，重新为旅客申请席位），收取旅客有效身份证件。

"静音车厢"设在3号车厢（二等座车）。"静音车厢"服务提示卡模板内容：请在静音车厢内保持安静；请将手机调至静音或震动状态；请在接打电话或相互交谈时，离开静音车厢；请在使用各类电子设备时，佩戴耳机或关闭音源外放功能；请携带儿童出行的旅客照看好您的孩子，避免喧哗。

（4）通过身份证识读设备读取或手工输入旅客证件信息，选择现金或者支付宝、微信界面选择扣款。

① 票种分类。

"全"——旅客普通全价票；"孩"——儿童票；"学"——学生票；"残"——残疾军人、警察优惠票；"免"——铁路免票，凭铁路职工工作证、乘车证及相关证明发售；"探"——铁路探亲票要求使用卧铺时，凭铁路职工工作证、乘车证、探亲证明发售；"半"——半价票，凭有效证明购买；"军"——军人优惠票，凭军人证明购买；"单"——免费儿童单独使用卧铺；"返"——学生返程票；"集"——团体票中的全价票；"团"——办理团体零票价的优惠票；"农"——农民工返程票。

② 席别分类。

"1"——硬座;"2"——软座;"3"——硬卧;"4"——软卧;"5"——包厢硬卧;"6"——高级软包;"9"——商务座;"F"——动卧;"H"——人软包;"M"——等座;"O"——二等座;"V"——指定属性;"Z"——指定席位。

(5)与旅客核对购票信息无误后,现金售票核对找零款是否正确。使用银行卡或支付宝、微信设备扫描旅客付款码,扣款成功后,支付宝、微信设备请旅客在POS凭条(第一联)上签字,印制行程信息提示单,询问旅客是否打印报销凭证。

(6)核对行程信息提示单是否正确、完整。

(7)确认无误后,凭条的商户存根联留存,另一联与行程信息提示单、证件、报销凭证一并递交给旅客。现金售票确认无误后,将行程信息提示单、证件、找零款一并递交旅客,同时唱报车票发到站、张数、席别、找零,遇到非本站始发列车进行重点提示。

(8)旅客无法提供有效身份证件购票时,请旅客办理临时身份证。

(二)售票操作流程

进入售票界面→F1输入乘车日期→F2输入车次→F3输入发站→F4输入到站→F5选择票种(左右键切换)→F5输入张数(数字键)→选择席别(数字、字母键)→输入电话号码→Ctrl+4切换到银行卡、支付宝、微信界面→F7刷或手工输入有效身份证件号码、姓名后按回车键→确认信息无误后按Alt+S确认→现金或者扫旅客付款码支付→打印两联凭条→一联交旅客签字留存→按回车或者空格制行程信息提示单→核查行程信息提示单信息→制票成功→(询问旅客是否打印报销凭证→打印报销凭证)→将凭条、行程信息提示单、报销凭证等交旅客。

(三)打印行程信息提示单

(1)收取旅客购票使用的有效证件及订单号,并正确输入。

(2)与旅客核对行程信息提示单信息。

(3)印制行程信息提示单。

(4)核对行程信息提示单是否正确、完整。

(5)确认无误后,将行程信息提示单、证件一并递交旅客。

窗口打印
行程信息提示

打印行程信息提示单流程:进入售票界面→Alt+V选择"购票信息单打印"→F7刷有效身份证件或者手工输入有效证件信息→Alt+S查询购票信息→选择需要打印行程信息提示单→Alt+P打印行程信息提示单→将行程信息提示单交旅客。

(四)印制报销凭证

(1)收取旅客购票使用的有效证件及订单号,并正确输入。

(2)与旅客核对车票信息,印制报销凭证。

(3)核对票面信息是否正确、完整。

(4)确认无误后,将报销凭证、证件一并递交旅客。

(5)旅客无法提供有效身份证件购票时,请旅客办理临时身份证。

印制报销凭证操作流程:Alt+Y进入取票界面→要求旅客提供有效身份证件→F7刷或手

工输入有效身份证件号码、订单号后按回车键→确认信息无误后→Alt+N 制报销凭证→制报销凭证成功→与旅客核对后交付旅客。

（五）乘意险发售

1. 发　售

（1）询问旅客是否购买乘意险。
（2）输入旅客乘意险相关信息，要求旅客确认购保。
（3）打印乘意险保单、发放乘意险发票并要求旅客进行核对，并说明相关事项。

2. 取　保

（1）按证件、票面信息、保单号三种方式查询保单信息；核对保险、票面、证件信息是否一致。
（2）确认无误后，为旅客领取乘意险发票，并将相关情况向旅客说明。

单独售保流程：Ctrl+M 切换到售保界面→F7 刷或手工输入有效身份证件号码、姓名后按回车键→F1 扫码或者输入 21 位码→Alt+S 确认售保→由旅客确认无误按乘意险支付"确认"键→制保单和发票→收取保费→将保险交旅客。发售铁路乘意险界面如图 1-2-11 所示。

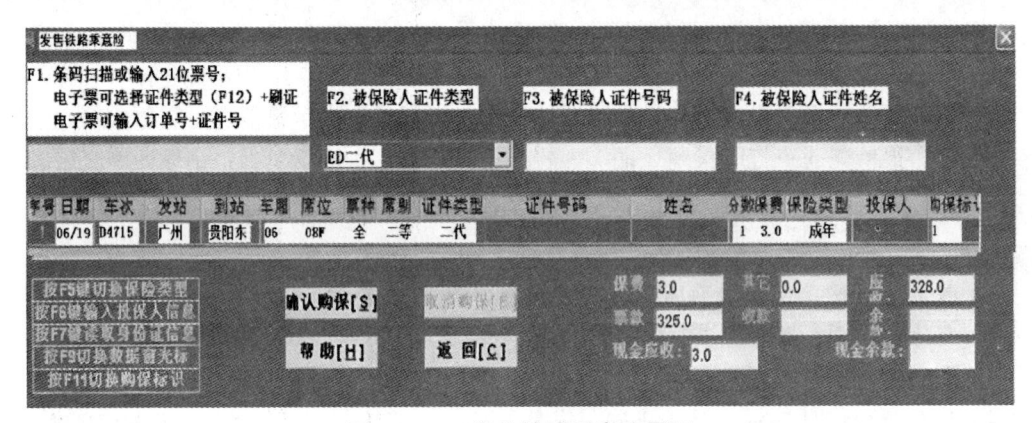

图 1-2-11　发售铁路乘意险界面

（六）购票有效身份证件信息录入

F7 刷注册人二代身份证件→Alt+Q 查找相关信息→确认无误后→Alt+C 通过。证件信息录入界面如图 1-2-12 所示。

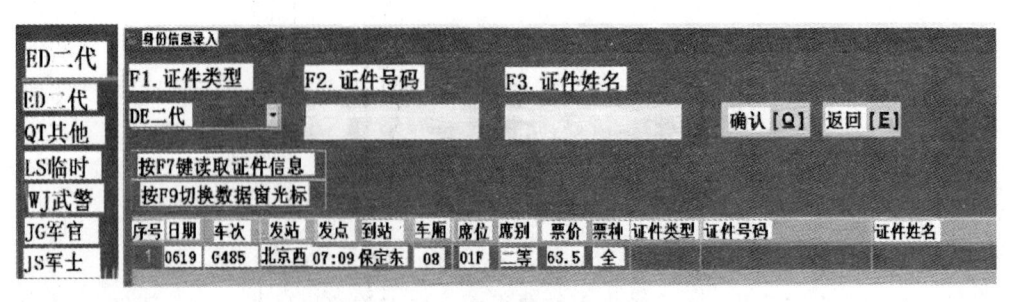

图 1-2-12　证件信息录入界面

客票系统证件类型简拼及输入规则见表1-2-1。

表1-2-1 客票系统证件类型简拼及输入规则

证件名称	简拼	输入规则
居民身份证（中华人民共和国居民身份证、港澳台居民居住证、外国人永久居留身份证）	ED	通过身份证识读设备自动识读
其他（暂住证、机动车驾驶证、中华人民共和国社会保障卡、医疗保险卡）	QT	输入身份证号码
临时身份证	LS	输入临时身份证号码
武警警官证	WJ	输入相片下方6位数字
军官证	JG	输入编号"第×××号"中的所有数字，7位或8位
士兵证	JS	输入编号"字第"中的所有数字，一般为7位
军队学员证	JX	输入编号中的所有数字
军队文职干部证	JW	输入"军职号"中的所有数字，一般为8位
军队离退休干部证	JT	输入"第×××号"中的所有数字，一般为7位
中国人民解放军军人保障卡	JB	输入卡正面的18位号码
护照	HZ	输入带照片页右上角编号，一般为9位
港澳居民来往内地通行证	GN	输入带照片页右上角的9位编号
中华人民共和国旅行证	LX	输入带照片页右上角的编号
中华人民共和国往来港澳通行证	NG	输入右上角编号前9位
大陆居民往来台湾通行证	NT	输入带姓名页右上角的8位数字
台湾居民来往大陆通行证	TN	输入带照片页右上角的前8位
外国人出入境证	WR	输入封面页下方的第×××号中的所有数字，一般为7位
外交官证	WG	输入带照片页右上角的数字
领事馆证	LG	输入带证明书字样右下方的数字号码，一般为12位
海员证	HY	输入带照片页的下方后8位数字
户口簿	HK	输入户口簿上记载的身份证号码
公免签证（铁路乘车证、通勤乘车证、特种乘车证）	MP	输入乘车证号码（含数字前的字母）部分

（七）优惠资质核验

办理优惠资质核验时需要问清旅客核验要求；收取旅客有效证件及有效学生优惠卡；进入优惠资质核验界面处置，与旅客核对无误后，将旅客有效证件及有效学生优惠卡交旅客。

优惠资质核验流程：Atl+L进入核验界面处理→Alt+R选取优惠资质采集→Alt+D选择优惠证件类型→F7读取身份证→F5读取证件信息→保存。优惠资质采集界面如图1-2-13所示。

23

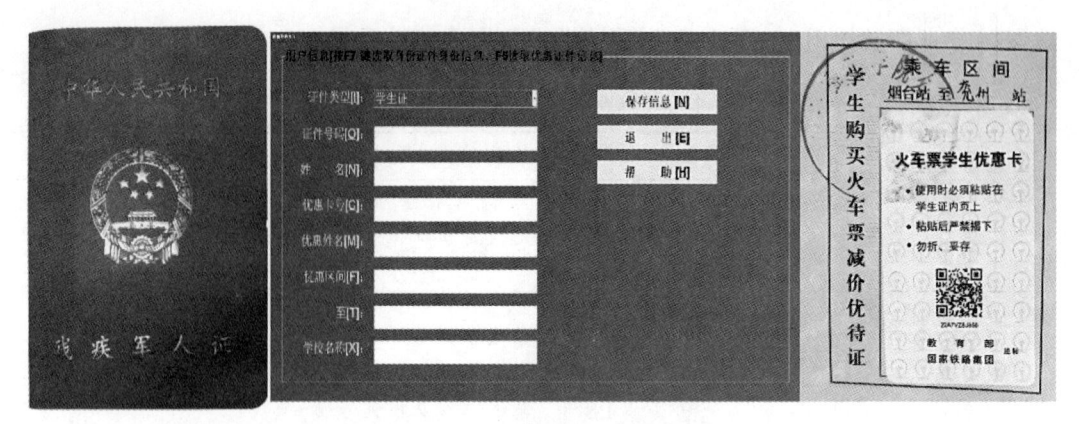

图 1-2-13　优惠资质采集界面

（八）计次票操作流程

Alt+Y 进入新型客票产品发票打印界面→要求旅客提供有效身份证件→F7 刷或手工输入有效身份证件号码按回车键→确认信息无误后→Alt+R 制报销凭证→制报销凭证成功→与旅客核对后交付旅客。

（九）结账作业

结账作业时需提前做好旅客宣传，按工作时间拉下窗口隔离帘。

1. 结账流程

正确清点票据票款→Alt+A 进入辅助（软 POS）界面结账（见软 POS 结账流程）→POS 结账→正确填写财收 22 及财收 22-1→Alt+X 进入结账界面→输入票款金额→Alt+H 上传数据→Alt+J 退出界面→结账成功→将票卷零款入柜加锁锁闭窗口抽屉→将票款、财收 22、POS 凭条、商户存根联、支付宝、微信凭条装入款袋加锁→按规定线路行走（双人）→结账。

2. 软 POS 结账流程

Alt+A 进入辅助界面→Alt+F 进入软 POS 处理→Alt+T 汇总查询→Alt+P 汇总打印→Alt+Q 结算→结算成功。

3. POS 结账流程

POS 确认→按"结算"→输入售票员工号、密码→按"确认"→打印结账凭条→结账成功。

【案例 1-2-1】售全价电子客票

一旅客在北京西站售票窗口，要求购买 2023 年 6 月 19 日北京西站至石家庄的 G519 次列车二等座一张，需要打印报销凭证。

解：动车组票既可以在售动车组票界面发售，也可以在售普通票界面发售。

在售动车组票界面发售操作：

（1）通过菜单或快捷键 Alt+D 进入发售动车组票界面。

（2）选择用途（F11）。系统默认用途为"公用"，需改变用途时按F11显示用途下拉列表选择相应用途，按回车键确认。

（3）输入乘车日期（2023年6月19日）。按F1键显示日期下拉列表。

乘车日期输入方法：

方法一：选择输入法。① 按F1键，打开日期输入列表；② 上下移动光标或输入日期对应的序号选择相应日期；③ 按回车键确认。

方法二：直接输入法。① 按Alt+Q将光标切入日期输入框；② 输入乘车日期；③ 按回车键确认。

（4）输入车次（G519）。按F2键，将光标移到车次输入框，输入车次，按回车键确认。

（5）输入发站（F3：北京西站）。输入车次后，发站即为车次始发站或售票站，通常不需要再输入。

（6）输入到站（F4：石家庄站）。按照旅客购票的到站输入站名前的站序号，按回车键确认。

在不确定车次时可通过先输入发站和到站拼音码选择发到站，系统自动查询发到站之间所有车次并显示，再根据旅客需求选择合适的车次。

站名拼音码输入规则：两个字的站名拼音码由第1个字的汉语拼音首字母加上第2个字的汉语拼音前两个字母，如株洲（ZZH）；三个字及以上的站名拼音码由前2个字的汉语拼音首字母加上最后一个字的汉语拼音首字母，如北京西（BJX），石家庄（SJZ）。

（7）输入票种票额（F5）。在票种票额栏内选择"全"并输入"1"或直接输入"Q1"。

票种票额输入方法：

① 按F5键，将光标定位到票种票额输入框后，用"←""→"箭头键切换至相应的票种或输入票种快捷键快速选择票种。

② 在票种后输入对应的票额数字，如2张全价票输入Q2；1张全价票、2张儿童票、1张学生票输入Q1H2X1。

③ 按回车键确认。

（8）输入席别（F7）。打开席别下拉列表，输入相应的席别代码（O二等座），系统按照输入的条件取票。

动车组列车可以指定席位属性取票。在席别下拉列表中，选中指定属性，系统弹出"个性化售票"界面，在个性化售票界面中进行席别选择，然后根据所需的席别属性进行选择，如靠窗、靠过道、靠餐车、两人座……座椅可转等，输入席别如图1-2-14所示。

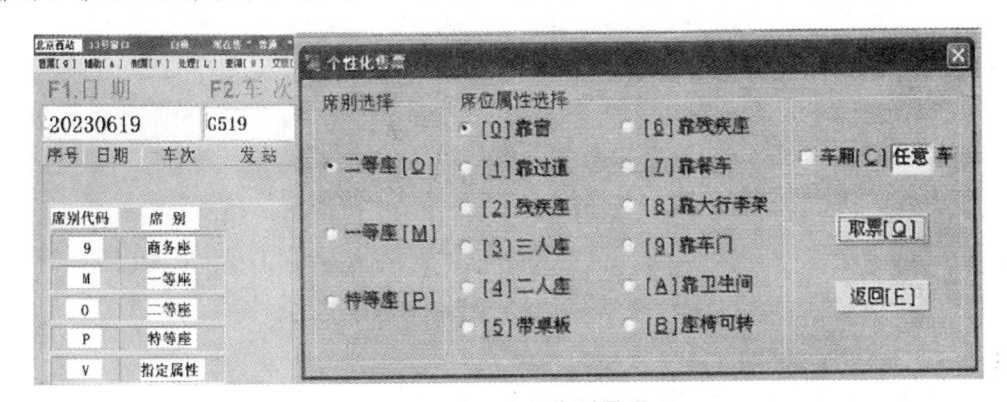

图1-2-14 输入席别界面

（9）收取车票票款。根据旅客选择的付款方法，选择收费方式。选择现金支付时，在收款框内输入核收旅客的购票款，按回车确认，界面显示找零款额，售票员按照找零款额，进行找零。选择"印票"按钮进行制票，选择是否购买乘意险，系统会弹出提示"是否确认使用现金收取车票票款"字样，选"是"，然后读取旅客二代居民身份证信息或输入证件信息。非现金支付时按Ctrl+4，录入身份信息后，系统提示"是否需要发送购票短信，需要请提供手机号。"提示，选择"是"进入录入手机号码界面。键入旅客手机号码后，系统弹出银行卡支付扣款界面。扣款及录入手机号码界面如图1-2-15所示。

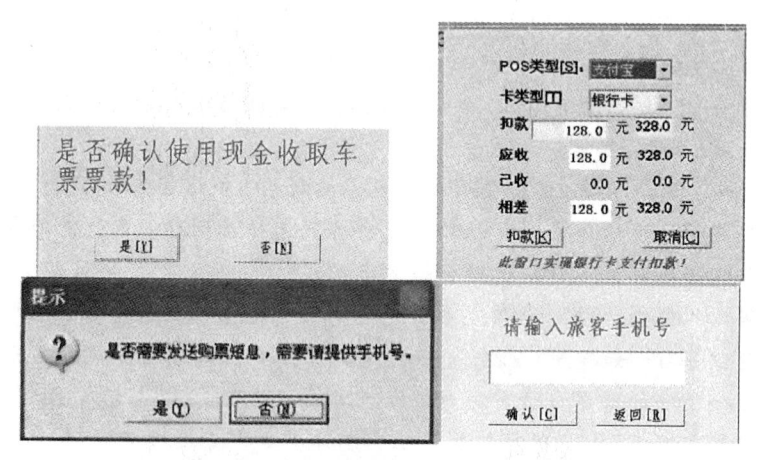

图1-2-15　扣款及录入手机号码界面

（10）购票成功后，打印"行程信息提示"，需要打印报销凭证选择"是"，打印报销凭证。购票成功提示界面如图1-2-16所示。

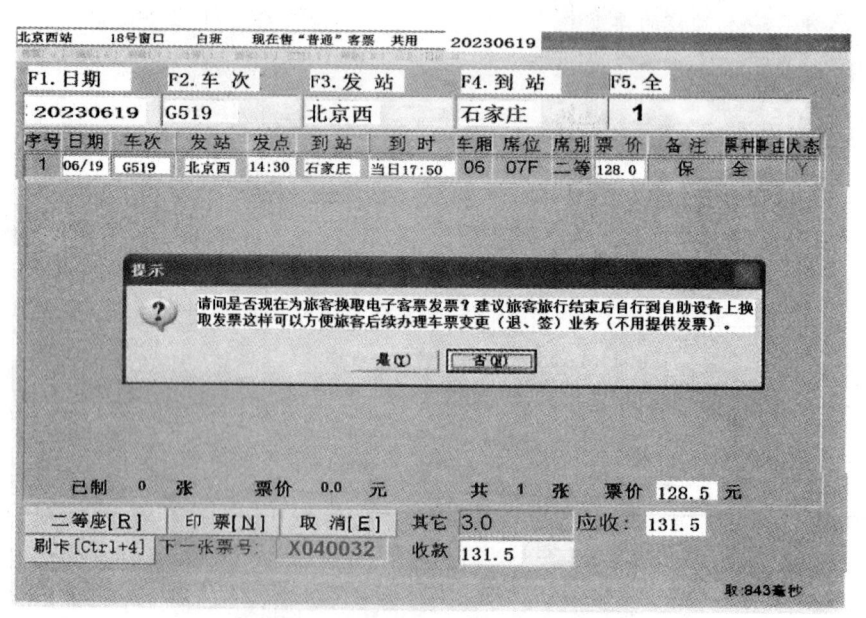

图1-2-16　全价电子客票售票操作

【案例1-2-2】售动卧往返优惠客票

一旅客在广州南站售票窗口，要求购买6月18日广州南至上海虹桥、6月19上海返回广州动卧各 1 张，请办理。

解：动卧往返优惠票是对同时购买高铁动卧或高级动卧的往程和返程车票的旅客，其返程票可享受 8 折优惠。发售高铁动卧（动卧和高级动卧席别）往返车票时，窗口售票员在售优惠票界面中可以按动卧往返指定优惠方式发售，发售动卧往返车票时，必须一起发售，不支持在不同日期，不同窗口分开发售。

（1）通过菜单或快捷键 Ctrl+U 进入售优惠票界面。

（2）发售往程车票。在售优惠票界面按 Ctrl+1 键指定优惠为"否"，按 Ctrl+2 键选择优惠方式为"默认"，进入售优惠票界面后系统默认的即为此功能，将往程席位取出到桌面。

（3）发售返程优惠票。

① 往程席位取出后，按 Ctrl+1 键指定优惠为"是"，按 Ctrl+2 键选择优惠方式为"动卧往返"。

② 发售返程车票，票价为正常票价（若 6 月 19 日 D935 次上海虹桥至广州南下铺执行折扣票价，票价为 850.0 元）的 8 折 680.0 元。

（4）如果是现金支付，收取现金后，录入旅客身份信息，如果是非现金支付，按 Ctrl+4 键在弹出界面选择支付方式，然后录入旅客身份信息，判定购票资格再支付。

（5）印制车票。打印"行程信息提示"凭条，根据旅客需求选择是否打印报销凭证。售动卧往返优惠客票操作界面如图 1-2-17 所示。

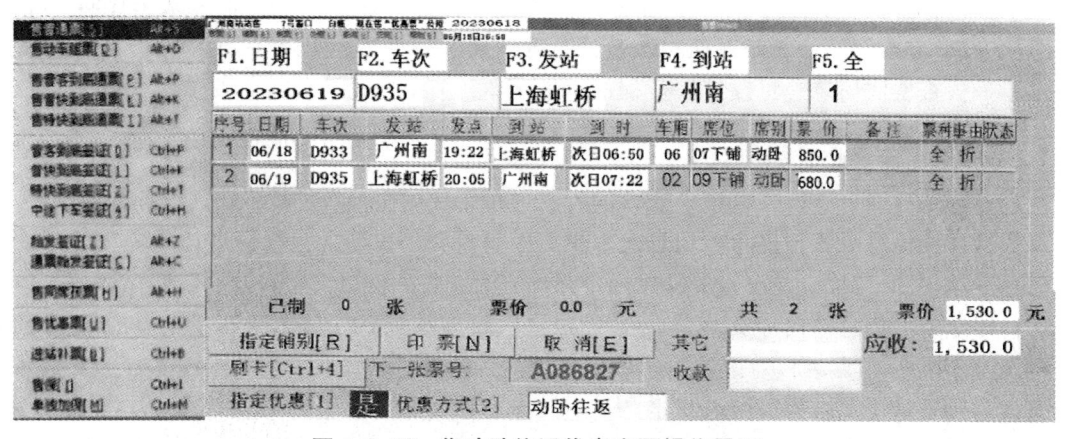

图 1-2-17　售动卧往返优惠客票操作界面

五、窗口改签作业

（一）电子客票改签作业要求

（1）收取旅客行程信息提示单及有效身份证件原件（已取报销凭证的收回报销凭证）。

（2）询问旅客改签的日期、车次、席别、变更到站等内容。

（3）跨境车票办理改签应不晚于车票指定的日期、车次开车前 30 分钟，但发站为香港西九龙站的车票应不晚于 45 分钟。

（4）通过扫描行程信息提示单二维码或者手工录入订单号加 21 位条码（行程信息提示单 25 位码中 21 位码）或者读取有效身份证件内车票信息，还原票面信息。

（5）按照旅客需求及改签规定，变更日期、车次、席别、到站内容。退还差价时，按原支付方式退还至原支付账户内。补收票价时，可以使用现金或者任一带银联标志的银行卡或支付宝、微信支付新票票款，并将原票票款退还到原购票银行卡中或原支付宝、微信账户内，POS机打印交易凭条，请旅客签字。

（6）核对行程信息提示单信息是否正确、完整。

（7）确认无误办理改签后（已取报销凭证的收回报销凭证），将商户存根联，旅客联与改签后新行程信息提示单或银行卡一并递交旅客。

（二）车票改签流程

微笑迎接旅客使用文明用语（您好）→收取旅客行程信息提示单及旅客购票时使用的身份证件原件（已经取报销凭证的先收回报销凭证）→还原票面信息→询问旅客改签需求→办理改签手续→核对→收/退款→与旅客核对改签信息→制票→交付。

1. 无差价车票改签流程

进入售票界面→（已领取报销凭证的先收回报销凭证）→Alt+Z切换到改签界面→F7读取二代身份证信息或者扫描行程信息提示单二维码或者手工输入行程信息提示单21位码(行程信息提示单25位码)→输入手机号码→弹出"始发签证窗口"界面显示改签车票信息（原票）→核对票面信息（原票）按Q确定→按Y确认进入改签界面→F1输入乘车日期→F2输入车次→F4输入到站→与旅客核对改签信息确认无误后→按回车或者 Alt+N 打印行程信息提示单→核查票面信息→将改签后行程信息提示单（有效身份证件等）交旅客。

2. 高改低车票改签流程

进入售票界面→（已领取报销凭证的先收回报销凭证）→Alt+Z切换到改签界面→F7读取二代身份证信息或者扫描行程信息提示单二维码或者手工输入行程信息提示单21位码(行程信息提示单25位码)→输入手机号码→弹出"始发签证窗口"界面显示改签车票信息（原票）→还原票面信息，按Q确定→按Y确定进入改签界面→F1输入乘车日期→F2输入车次→F4输入到站→与旅客核对改签信息确认无误后（包括退款收取手续费情况）→要求旅客使用银行卡或支付宝、微信→POS机退款（提示旅客使用原购票银行卡、支付宝、微信）→打印退款两联凭条→商户联交旅客签字留存（支付宝、微信一联交旅客）→按回车或者 Alt+N 打印行程信息提示单→核查票面信息→开具退票报销凭证→将银行卡、旅客存根联、改签后新行程信息提示单（有效身份证件等）等交旅客。

3. 低改高车票改签流程

进入售票界面→（已领取报销凭证的先收回报销凭证）→Alt+Z切换到改签界面→F7读取二代身份证信息或者扫描行程信息提示单二维码或者手工输入行程信息提示单21位码(行程信息提示单25位码)→输入手机号码→弹出"始发签证窗口"界面显示改签车票信息（原票）→还原票面信息，按Q确定→按Y确定进入改签界面→F1输入乘车日期→F2输入车次→F4输入到站→与旅客核对改签信息确认无误后（包括退款收取手续费情况）→要求旅客使用银行卡或支付宝、微信支付→Ctrl+4切换到银行卡（支付宝、微信）界面→选"银行卡"（支付宝、微信）→按"回车"确认→在POS机刷银行卡付款（支付宝、微信使用支付宝、微信设备扫描旅客付款码）→打印收款两联凭条→商户联交旅客签字留存（支付宝、微信一联交旅客）→POS机退款（提示旅客使用原购票银行卡、支付宝、微信）→打印退款两联凭条→商户联交旅客签字留存（支付宝、微信一联交旅客）→按回车或者Alt+N打印行程信息提示单→核查票面信息→将银行卡、旅客存根联、改签后新行程信息提示单（有效身份证件等）等交旅客。

（三）进站补票操作

进站补票用于旅客购买了学生票、残疾军人票、儿童票但不符合减价优惠条件，在进站前办理进站补票。

进站补票时收取旅客减价不符车票及有效身份证件原件，核对信息，按规定补全票价，收取费用，印制票据。

操作流程:进入售票界面→Ctrl+B进入进站补票界面→Ctrl+Q还原票面信息，按Q确定→按Y确定→Ctrl+4切换到银行卡（支付宝、微信）界面→选"银行卡"（支付宝、微信）→按"回车"确认→在POS机刷银行卡付款（支付宝、微信使用支付宝、微信设备扫描旅客付款码）→打印收款两联凭条→商户联交旅客签字留存→POS机退款（提示旅客使用原购票银行卡）→打印退款两联凭条→商户联交旅客签字留存（支付宝、微信一联交旅客）→按回车或者Alt+N制票→制票成功→核查票面信息（是否有银行卡标记）→将银行卡、旅客存根联、改签后新票据等交旅客。

（四）铁路乘车证签证

乘车证签证是对持铁路乘车证和特种乘车证的旅客签发的车票，一般只允许办理乘车证为本站的乘车证签证。

（1）收取旅客乘车证、工作证和出差证明，审核证件、日期、发到站、经由、有效期间。
（2）询问旅客签证日期、车次。
（3）输入车次信息，印制行程信息提示单。
（4）确认无误后，将行程信息提示单和证件一并递交旅客。铁路乘车证签证相关证件及行程信息提示单如图1-2-18所示。

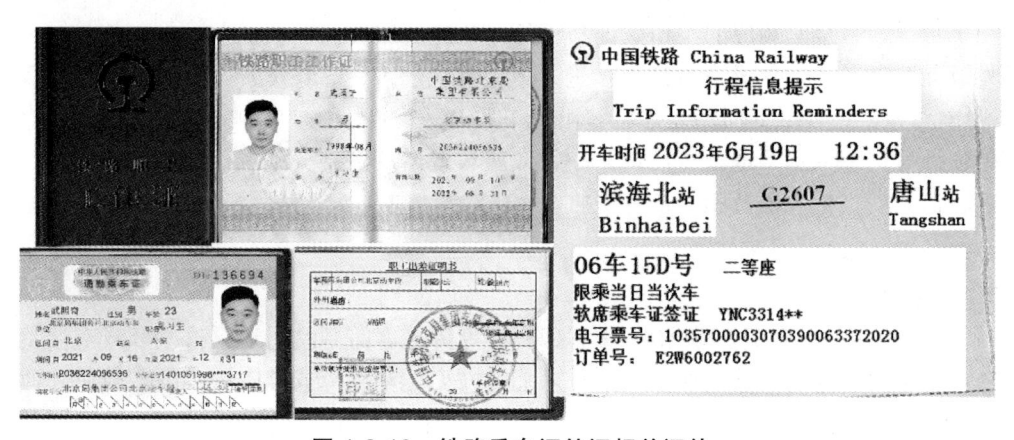

图1-2-18 铁路乘车证签证相关证件

六、窗口退票作业

（一）电子票退票

（1）首先询问旅客是否换取报销凭证。

（2）已经换取报销凭证的电子客票，退票时候程序主动弹出并提示回收，成功登记报销凭证信息后方可继续退票。

通过扫描报销凭证二维码或者在"请输入原票信息"下方手工输入报销凭证下方21位号码，还原报销凭证信息，核对一致后，按"确定"键收回凭证。

请务必回收报销凭证，否则会产生赔款，可以在退票明细中的备注栏查询电子票是否回收了报销凭证。对于已回收报销凭证的电子票，在退票明细中备注栏中显示："发"字。已回收报销凭证的已退电子票在退票明细中的票号为报销凭证票号，便于退票员核对。

（3）在退票主界面以及"退差价"界面支持以下方式提取电子客票信息。

① 按F7键读取二代居民身份证、港澳台居民居住证、外国人永久居留证。

② 支持手工输入订单号+证件号。

③ 通过扫描器扫描行程信息提示单二维码。

④ 通过扫描器扫描报销凭证下方二维码。

⑤ 手工输入行程信息提示单"电子票号"25位号码。

电子票退票流程：进入退票界面→按Alt选取"退票理由"（原退、水害、停运、晚点、铁路责任）→Alt→选取退电子票→按F7刷二代身份证件或直接输入取票号和有效证件号码→还原"退票信息"→（已经取报销凭证的收回）→告知旅客退票信息→询问旅客是否退票→旅客同意退票后按Alt+K→按Y退票→系统提示"是否还有另一张车票"→选取Y或N→退现金或者告知旅客退款返回原支付方式原账户内→POS机打印凭条（选择支付宝、微信时无凭条）→商户联交旅客签字收回→确认无误后将旅客联及相关证件交旅客。

（二）领取互联网电子客票退票费

（1）收取旅客有效证件，使用身份证识别设备读取或输入信息，与旅客核对网退信息。

（2）核对信息无误后，确认退票费发放。

（3）将退票费金额相应的报销凭证与证件一并递交旅客。

发放互联网电子客票退票费流程：进入退票界面→Alt选取辅助功能→点击退票费发放→F2弹出"核对证件"界面→要求旅客出示车票有效证件，按F7刷二代身份证件或直接输入有效证件号码→显示"退票费信息"→告知旅客退票费信息→旅客核对后按Alt+K→确认无误后将退票费报销凭证及相关证件交旅客。

（三）退差价

（1）因临时更换车体、空调故障、旅客因病等原因旅客需到站退还票价差额或空调费时，列车使用站车交互系统终端"客运记录"功能的"席位调整"或"空调故障"模块，向客票系统发送确认退差信息。

（2）退票口收取旅客有效证件、车票，确认车票是否有效。

（3）进入"退差价"程序，通过扫描二维码或手工录入21位条码（下票号），还原车票信息，输入核对证件信息。
（4）核对退差信息无误。

车票退差价流程：收取旅客原票→进入"退差价"界面→按 Alt 选取理由（可直接选取弹出的对应的退差理由）→ALT+M 读取票面信息或使用扫描器扫描二维码或输入21位码还原车票信息→弹出"核对证件"界面→要求旅客出示车票有效证件按 F7 刷二代身份证件或输入有效证件号码→显示"退票信息"→告知旅客应退款额→询问旅客是否退票→旅客同意退票后按 Alt+K→按 Y 退票→退票成功后→退款，按原支付方式返回原支付账户内→如旅客需要已使用部分的报销凭证，印制退票报销凭证。

【案例1-2-3】电子客票退票

6月4日，一旅客持身份证和报销凭证到窗口，要求将购买的6月19日北京西站至石家庄的 G519 次列车二等座一张车票办理退票。

解：选择普通退票界面，检查标题栏中退票理由、票额返回的用途是否正确。

（1）按 Alt 键打开"退票理由"菜单，选择退票理由"正常"。
（2）还原原票信息
① 按 F7 键进入核对证件界面，如图1-2-19所示。
② 再按 F7 键读取证件信息或手工输入证件隐藏部分，进行证件核验。
③ 确认证件信息，查询该证件所购买状态为正常的电子客票信息，通过上下光标选择需要退票的电子客票，确认后还原车票信息。也可通过扫描"行程信息提示"凭条上二维码、输入"行程信息提示"凭条中电子票号前21位、扫描报销凭证上二维码或手工输入报销凭证下方21位条形码等还原票面信息。

图1-2-19 核对证件界面

④ 对旅客订餐等退订确认，若旅客已换取发票，系统提示收回发票，如图1-2-20所示。

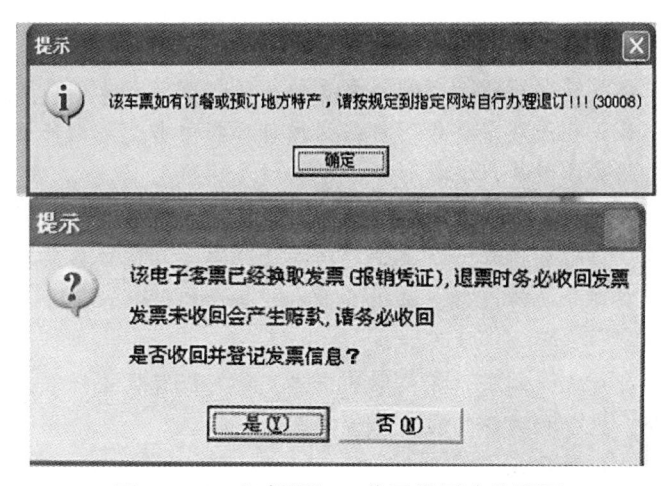

图1-2-20 订餐退订、收回发票确认界面

⑤ 确认收回发票（报销凭证）后，进入发票（报销凭证）信息登记界面，扫描发票（报

销凭证）二维码或手工输入发票（报销凭证）21位码，登记发票（报销凭证）信息。

⑥ 确认发票（报销凭证）登记成功。

（3）核对票面信息。确认是否符合退票条件，符合按"是"，不符合按"否"。

退款成功后，系统弹出"退款成功"提示框，按回车键确认后退票成功，如图1-2-21所示。

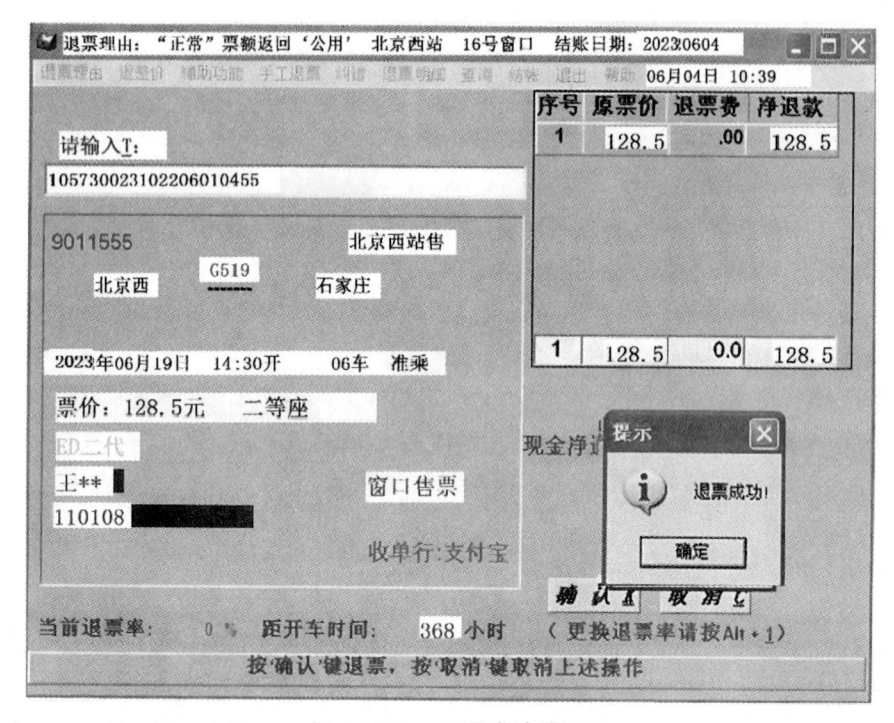

图1-2-21　退票成功界面

任务实施

1. 任务准备

（1）设备准备：仿真售票设备、模拟售票系统、实训室、专业训练服（可着正装）。

（2）实训资料准备：相关客票票据、售票岗位作业指导书、实训任务单、铁路旅客运输规程、高速铁路车站服务质量规范、教材等。

（3）情景准备：实训前各小组查阅、收集资料，选择发售铁路车票、改签电子客票、电子客票退票、优惠资质核验等情景，情景中包括高速铁路车站窗口售票人员、旅客。

（4）人员准备：实训分小组进行，每组6~8人，每小组做好人员分工。

2. 实施步骤

（1）班前准备：身着统一制服，佩戴职务标志，按照仪容仪表标准上岗。

（2）参加点名会，携带相关备品在点名室集合。

（3）对岗接班登录售票系统。

（4）班中作业。

（5）组内互查，教师总结并评分、评价。

3. 任务单

训练名称	高速铁路车站窗口售票训练		
班　级		姓　名	

1. 发售动车组二等座全价电子客票（微信支付）。

2. 发售动车组二等座学生电子客票（现金支付）。

3. 办理电子客票改签。

4. 办理电子客票退票。

任务总结：

4. 效果评价

	项目	A-优	B-良	C-中	D-及格	E-不及格	综合
小组评价	发售车票（20%）						
	改签车票（15%）						
	退票办理（15%）						
	团队合作（10%）						
教师评价	售票作业（20%）						
	任务单（20%）						
	教师签名						

任务3 自助售票

任务引入

自助售票是现代铁路交通系统推广的一种售票方式,是在普及的互联网及铁路完善的自动售检票系统的基础上形成的售票方式。铁路运输企业为旅客提供互联网、自动售票机等多种售票渠道,为旅客购票、印制票据、退票、改签等提供便利。

请思考:如何协助旅客自助购票?

相关知识

一、中国铁路12306网站售票

互联网售票,是指铁路通过中国铁路客户服务中心网(www.12306.cn)办理铁路电子客票的销售、改签、退票等业务,购票人使用联网的计算机和移动端自主选择所购车票的售票方式。旅客或购票人应当妥善保管电子客票信息及购票时所使用的有效身份证件。

互联网售票系统主要包括注册、登录、余票查询、购票、改签、退票、订单处理、短信通知、线下取票(报销凭证)等功能。

(一)互联网售票系统基本应用

1. 用户注册

购票的旅客均在12306网站上进行实名注册,注册时提供姓名、性别、证件号码、常住地、邮箱地址和手机号等信息,对可检验号码的证件与公安联网进行有效性校验,保存用户信息,用户须通过邮箱或手机短信校验方式进行激活处理后,方可进行网上购票。

2. 用户登录

旅客在12306网站上进行购票前必须使用注册用户登录,登录过程中需通过验证码机制。用户登录成功后,如长时间未进行操作,系统将强制注销用户的登录状态。

3. 余票查询

注册用户填写具体的日期、时间段、上车站、下车站、车次、席别、票种等信息,系统自动搜索车次信息并进行余票数量检查,最后将满足条件的车次显示给旅客,供旅客购票选择。

4. 短信通知

在铁路客户服务中心设置短信服务平台,实现电信运营商的接入。旅客成功订票及支付后,采用短信息的方式,将购票成功和温馨提示的短信发送至旅客手机上,购票成功信息包括流水号、乘车日期、车次、发站、到站、车厢、席位、开车时间等信息;在乘车 前,短信提示旅客,其电子车票对应的开车时间、预计到站时间、停靠站台等信息;购票过程中如旅客没有立即支付,在取消席位前发送短信提示其尽快支付等。

12306网站实名注册界面如图1-3-1所示。

（二）购　　票

购票时在首页左上角的车票购买区,输入出发地、到达地和出发日期,输入后跳转到车次信息页面,选择车次并预订,进入个人信息核对页面,锁定席位进行支付。

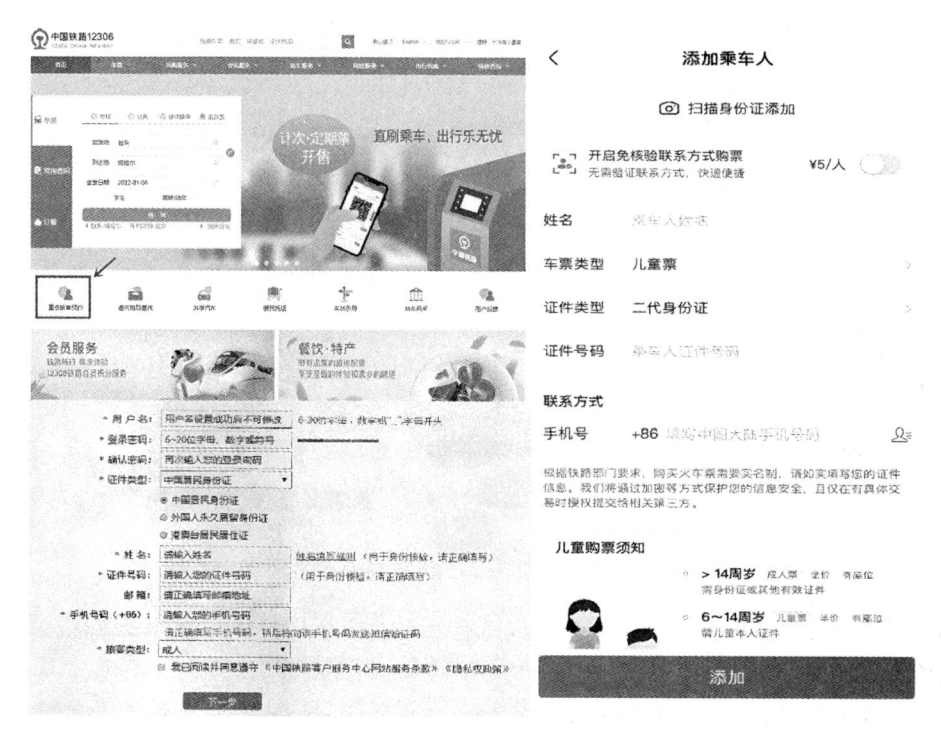

图1-3-1　12306网站实名注册界面

（三）网上支付票款

（1）网上支付应使用具备网上银行功能的银行卡(或银联快捷支付、支付宝、微信支付),并由中国铁路客户服务中心网站跳转（链接）至购票人选择的支付网站进行。同一订单只能使用一个在线支付工具一次性支付。

（2）12306网站收到支付网站支付成功的信息后,方确认购票交易；收到银行网站支付失败的信息或超过规定的支付时间未收到支付网站支付成功信息的,取消购票交易。

（3）12306网站确认购票交易成功后,根据购票人提供的手机、电子邮箱将所购车票信息以短信、电子邮件的方式通知购票人。购票人应妥善保管有关信息。

二、铁路12306移动端售票

（一）铁路12306移动端购票流程

（1）注册。通过铁路12306移动端注册为购票用户,移动端售票和互联网售票共享注册用户，在一个系统注册的用户可以在另一个系统使用。

（2）用户登录。登录到12306移动端购票系统，进行订票操作。

（3）余票查询。通过移动端选择日期、车次、发站、到站等信息，旅客可以查询预售期内该车次的余票信息。

（4）购票。在车票预订栏选择出发地、目的地，选择出发日期，筛选席别，添加乘客，确认乘客信息后提交订单，规定时间内完成网上支付。

（5）支付。在规定时间内以电子支付（网上银行、支付宝）方式完成票款支付，如图1-3-2所示。

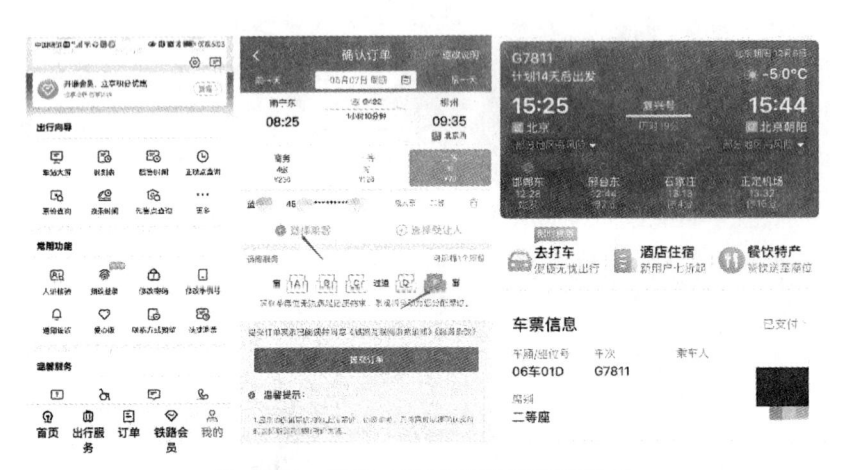

图 1-3-2　铁路12306移动端购票示例

（6）订单查询。查询未完成订单，可以选择支付或者取消订单；查询出的已完成订单，可以选择改签或者退票。

（7）个人资料维护。用户可以对个人资料、常用联系人、密码等资料进行维护。

在12306网站注册用户且通过铁路12306移动端成功完成人脸身份核验的旅客，购买电子客票后可凭铁路12306移动端生成的动态二维码，通过车站自动检票闸机办理进、出站检票手续。

动态二维码如图1-3-3所示。

图 1-3-3　电子客票检票二维码

（二）铁路12306移动端免费乘车儿童申明

（1）在铁路12306移动端上将免费乘车儿童添加为乘车人。

（2）按顺序点击"我的"—"乘车人"—"添加"，输入免费乘车儿童的姓名、证件号码、联系方式等信息。

（3）购票完成后，在"车票订单"或"本人车票"中进行免费乘车儿童申明操作。

（4）选择"车票订单"并点击"添加免费乘车儿童"。

（5）选择免费乘车儿童并点击"确认"即完成申明。

铁路12306移动端免费乘车儿童申明如图1-3-4所示。

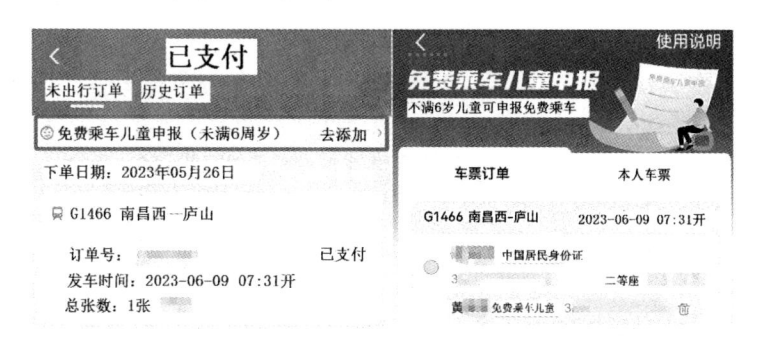

图1-3-4　铁路12306移动端免费乘车儿童申明

（三）学生优惠资质核验

（1）打开铁路12306移动端，在右下角进入"我的"页面，点击进入"学生资质核验"专区，通过本人身份信息认证后，进入学生资质填写页面，填写本人优惠资质信息。

（2）提交后，审核结果将于3个工作日内，通过铁路12306移动端通知。

（3）铁路12306系统根据学生填写的学籍信息，对接学信网进行在线核验。

（4）如学生旅客所在学校，未在支持线上核验的高等院校名单中，须持有效证件（贴有学生火车票优惠卡的学生证和身份证原件）到车站人工售票窗口，或自动售票机办理线下核验。

三、铁路12306网站退票办理

（一）电子支付方式购买的电子客票，没有打印报销凭证办理退票

在铁路12306网站或移动端上注册账号，通过移动端完成人脸身份核验的旅客可办理电子支付的电子客票退票手续。

（1）在铁路12306移动端找到"订单"后，点击"本人车票"。

（2）找到想要退票的订单后，点击"退票"。

（3）选中要退的车票后，点击"确定"，再次确认信息无误，选择"确定退票"，显示"操作成功"。

（二）使用现金支付方式购买电子客票，已领取报销凭证的旅客办理退票

在铁路12306移动端下方找到"订单"，点击"本人车票"，选择"退票"，系统提示退票

成功之日起180天（含当日）凭乘车人身份证原件到铁路车站指定窗口办理退款手续。

退票成功后，使用现金购票的旅客到窗口退款即可。

已打印报销凭证的电子客票办理退票手续时需要退回报销凭证。

互联网办理退票提示界面如图1-3-5所示。

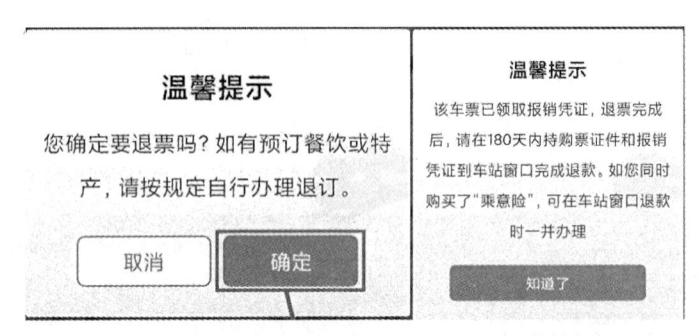

图1-3-5　互联网办理退票提示界面

四、自动售票机购票

自动售票机是车站自动售检票系统的一个主要设备。能够提供现金、银行卡、支付宝、微信等支付手段，通过人机界面操作售票。

自动售票机界面如图1-3-6所示。

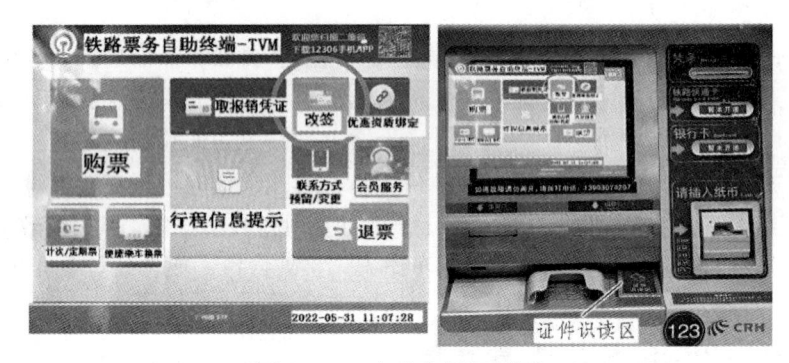

图1-3-6　自动售票机界面

（一）自动售票机售票

在自动售票机首页，点击"售票"图标，系统进入购票页面。自动售票机默认出发地和目的地。

（1）选择出发地：在输入框中输入发站的拼音首字母，选择始发站，点击下一步。

（2）选择到达站：输入到站拼音首字母，选择到站，点击下一步。

（3）选择乘车日期，点击下一步。

（4）选择所乘车次。在显示的发站去往到站的所有车次中，选择要乘坐的车次，点击下一步。

（5）选择票种、席别和张数。购买多张车票时需要在成人票、儿童票等相应选项点击；

然后在右侧选择席位，点击需要的席别。例如选择成人票二等座一张，点击下一步。

（6）选择有效乘车证件，持中国居民身份证的旅客点击第一项，根据提示将身份证放在身份证识读区，等待识别。

（7）根据弹出的对话框选择是否输入预留手机号与购买保险。

（8）认真核对购票信息，确认无误后点击确认并支付。

（9）选择支付方式。旅客可根据个人实际情况使用银行卡、云闪付、支付宝、微信等支付方式。如选择微信支付，此时屏幕右上角会出现二维码，用手机点击微信中扫一扫功能，扫描屏幕右上角二维码，扫描成功后在手机上确认支付。

（10）支付成功后，在售票机右上侧"凭条出口"打印行程信息提示单。

扫码支付及打印行程信息提示操作如图 1-3-7 所示。

图 1-3-7　扫码支付及打印行程信息提示操作

自动售票机打印行程提示单

（二）领取报销凭证

（1）点击"取报销凭证"选项。

（2）根据证件类型选择相应选项。

（3）读取身份证件原件。

（4）在出票口取走报销凭证。

领取报销凭证操作如图 1-3-8 所示。

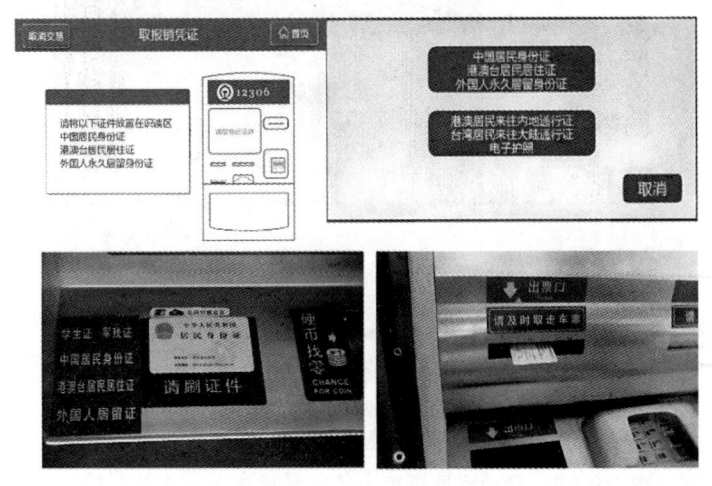

图 1-3-8　领取报销凭证

（三）学生优惠资质核验操作

（1）点击"优惠资质绑定"选项。

（2）选择"学生购优惠票资质绑定"选项。

（3）绑定前，认真阅读绑定须知。

（4）将符合规定的"学生购票优惠卡"放置在读卡区（学生优惠卡内须已正确写入四个信息：姓名，身份证件号码，乘车区间，入学日期）。

（5）学生证读取成功后，将身份证件放置到读卡区，即资质优惠绑定成功。

优惠资质核验（学生）操作如图1-3-9所示。

图1-3-9　优惠资质核验（学生）操作

资质核验成功后，学生旅客直接在自动检票机上刷身份证，即可完成验证验票。

（四）免费乘车儿童申明

（1）选择"免费乘车儿童申明"，点击"申明"。

（2）申明时先读取成人票证件，查询可申明的车票，选择订单。

（3）读取免费乘车儿童证件。

（4）查询已申明的订单，选择订单后可取消申明。取消申明时，既可读取成人证件也可读取免费乘车儿童证件。

自助售取票机上"免费乘车儿童申明"操作如图1-3-10所示。

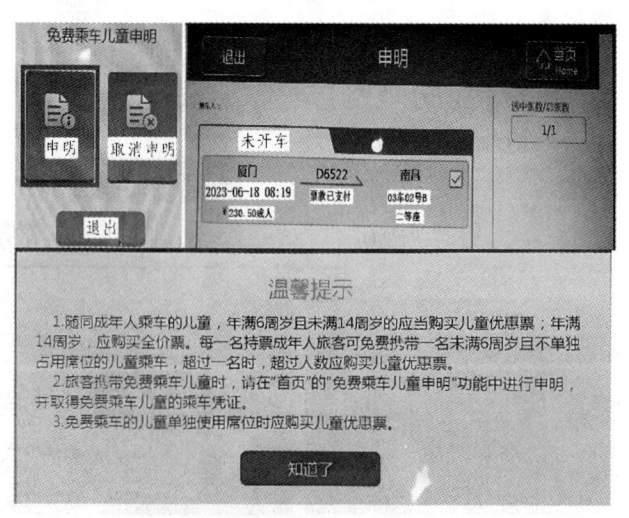

图1-3-10　自助售取票机上"免费乘车儿童申明"操作

（五）自动售票机改签操作

自动售票机现金支付只办理等价车票改签。办理差价车票改签时，操作界面会显示："不支持现金退款"。窗口以及互联网使用微信、支付宝、银行卡购买的车票，可在自动售票机办理等价或者差价车票改签（支持低改高、高改低）。

（1）选择改签功能。
（2）读取身份证件信息勾选需要改签的原票。
（3）核对待改签车票，选择确认改签。
（4）在余票界面选择将要改签的新车次。
（5）核对新旧车票改签信息。
（6）点击确认改签，改签成功，打印新票。

（六）自动售票机退票操作

自助售取票机可办理未打印报销凭证且为电子支付的电子客票退票业务。现金购票、已取报销凭证的车票、已购买乘意险的车票、学生票，需到人工窗口办理退票手续。

（1）选择"退票"选项。
（2）点击"退未打印的车票"，将身份证件原件放到读卡区。
（3）显示身份证中包含的电子客票，点击需要退的电子客票（每次操作只能选择一张）。
（4）确认退票信息的"原票票款""退票手续费""实退金额""退款方式"是否正确，确认无误点击"确认退票"。
（5）确认退票后提示"退票成功"。
（6）退票成功后取走"自助退票系统旅客回执单"。

自动售票机退票操作如图1-3-11所示。

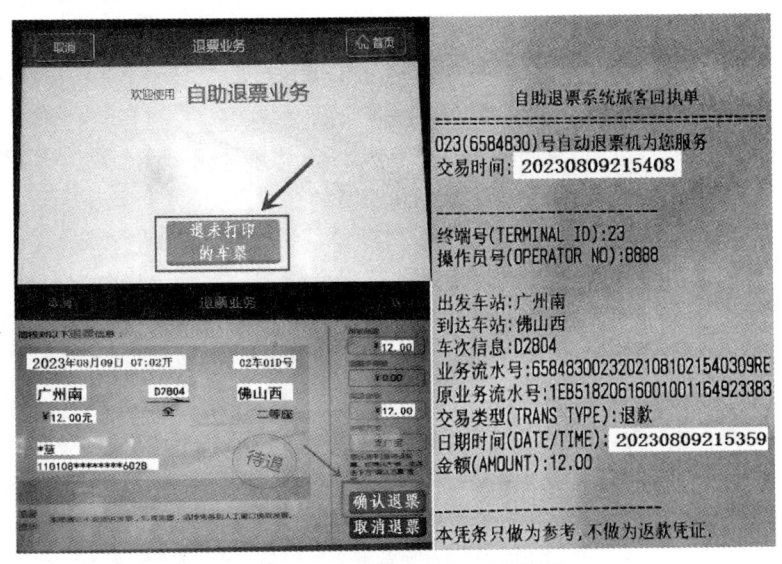

图 1-3-11　自动售票机退票操作

自动售（取）票机巡检员作业内容及质量标准见表1-3-1。

表 1-3-1 自动售（取）票机巡检员作业内容及质量标准

作业流程	作业内容	质量标准
班前准备	整容	身着统一制服，佩戴职务标志，按照仪容仪表标准上岗
班前点名	1. 报到	参加点名会，携带相关备品在点名室集合
	2. 文电命令	听取点名人员传达文电、调度命令、重点事项，做到全面掌握。 （1）认真听取安全关键卡控项点及相关信息。 （2）记录文电命令的重点内容
	3. 学习	学习业务知识，参加提问考试，掌握相关内容
	4. 手机管理	手机妥善保管，当班期间不能使用手机从事与工作无关的事
	5. 酒精测试	班前、班中严禁饮酒，在班前点名、班中（餐后）期间接受车间酒精测试抽查。
对岗接班	1. 检查	查看问题：班组当班人员查看值班主任窗口夜班遗留问题，并询问相关情况，进行记录、核实、回复。 （1）设备设施种类：微机（显示屏、主机、键盘）、打印机、验钞机、分钞机、电话、保险柜、客运站台人力车辆制动装置、自动售取设备、凭条机。 （2）备品种类：本人名章、后台废票交接本、故障维修登记本、24小时当班签到表、财收22-1。 （3）卫生标准：干净无垃圾；玻璃透明无污渍。 （4）核对账目：核对账本账目与保险柜票据金额的一致性
	2. 准备	登录系统：登录自动售票管理系统，输入车站码、用户编号及用户口令。 查询状态：终端状态查询，掌握机器的现行状态和历史状态记录
班中作业	1. 自动售票机结账作业	（1）机器结账：根据机器使用情况对正常机器进行结账作业，先暂停售票，选择结账机器号，结账，完成后恢复售票。结账同时保证每个区域有机器能够使用。 银行卡功能自动售票机结账：登录自动售管理系统→选择车站并输入工号密码→点击"客票业务管理"菜单→选择"结账"→选择需要结账的售票终端编号→点击屏幕右侧中间"结账"按钮→显示 TRS 结账成功→表明自动售结账成功→点击"终端业务管理"菜单→选择"恢复售票"→选择"车站"→选择需要结账的售票终端编号→点击"恢复售票"→待机器恢复后→选择"终端状态查询"→检查统计日期是否变更为第二天→确认变更后则结账成功。 全功能自动售票机结账：打开机器后面→登录 backer→输入工号密码→进入后台操作界面→选择"1. 运营操作"→选择"1. 结账"→选择"2. 售票现金盘点"→机器自动开始结账按提示操作（取出硬币→取下纸币接收箱→取下纸币找零箱→取走废票）→完成以上操作后打印出结账数据单→清点所有钱款→留下运输进款上缴→将备用金放入对应的钱箱→将钱箱装回售票机上（见钱箱安装方法）→后台操作→选择"5. 退出维护"→选择"1. 恢复售票"→机器恢复售票后→登录自动售管理系统→选择车站并输入工号密码→点击"终端业务管理"菜单→选择"终端状态查询"→检查统计日期是否变更为第二天→确认变更后则结账成功。 （2）查看废票：查看机器废票篓是否有废票存在，并在废票票面记录机器号码。 （3）核对废票：在机器上核对废票篓所取车票与机器废票是否一致，并上交款项时一并上交票据、备用金管理员

续表

作业流程	作业内容	质量标准
班中作业	2. 请领票据、零款	（1）根据票据使用情况填写票据请领单请领票据。 （2）根据零款使用情况请领零款
	3. 出务作业	出务作业执行双岗，做好环境防护
	4. 添加作业	（1）登录系统：登录自动售票管理系统，输入车站码、用户编号及用户口令。 （2）填写单据：进入现金业务管理查看各机器内零款、票卷使用情况，并根据账目零款余额和票卷情况及时填写零款请领单和票据请领单。 （3）请领零款：从相关工作人员处领用零款，以备机器使用。 （4）打散零款：根据机器现存零款情况填写各机器加款单，并打散零款。 （5）登录机器：打开机器后盖，输入工号、密码。 （6）卸出钞箱：选择运营管理-纸币找零，更换出钞箱，可选择单个或全部取下出钞箱，卸下出钞箱完毕后机器出更换钱箱凭条。 （7）查回收箱：查看回收箱中是否有钱款回收，并加入到相应出钞箱。 （8）装出钞箱：按照机器加款单分别添加5元、20元、50元零款后，选择安装出钞箱。 （9）设置出钞箱：按顺序根据凭条和所加零款数量输入机器现存零款数量，输入完毕，出现现存零款数量凭条。 （10）添加硬币：根据机器加款单添加1元、0.5元硬币，并输入硬币总量。 （11）添加凭条纸：对于现金、银行卡以及支付宝微信支付的设备，动态检查凭条纸使用情况，及时予以补充
	5. 票据更换作业	打开机器后面→登录backer→输入工号密码→进入后台操作界面→选择"1.运营操作"→选择"3.票卷"→选择"1.更换票卷"→提示"请确认是否安装新票卷"选择"确认"→提示安装在上或下通道→按提示操作将新票卷安装在对应的通道内→提示核对下一卷首票号→核对无误后→按"确认 Enter"键→将新票卷票头引入通道内→按"确认 Enter"键→提示安装票卷成功及当前票号→打印凭条"安装票卷单据"→将单据妥善保管→安装票卷成功
	6. 交款作业	（1）清点票款：利用自动分钞机分版功能对于窗口零款进行分钞，并和窗口机器凭条进行款数核对，各个窗口核对完毕后，核对款项总数。 （2）填写单据：根据票卷使用情况、应交款项填写交款单据
	7. 巡检作业	（1）早晨巡视：到岗后对于机器进行整体巡视，及时排除故障。 （2）定点巡视：每天正点进行机器巡视，对于问题机器及时维护，加强机器保养。 （3）不定时巡视：现场发现设备问题及时处理，保障机器正常运转
	8. 废票作业	登录自动售管理系统→选择车站并输入工号密码→点击"客票业务管理"菜单→选择"车票作废"→输入需要作废的车票信息→点击"车票作废"按钮→弹出对话框再次核对→核对无误后→点击"作废"菜单→车票作废成功
班后整理	整理	（1）对于当班相关账目及钱款进行整理。 （2）整理设备备品，保持环境卫生整洁
班后总结	总结	（1）自己对本班情况进行总结，下次上班时发扬优点，改正缺点。 （2）提出互控时发现的问题

任务实施

1. 任务准备

（1）设备准备：仿真铁路票务自助终端设备、模拟客票系统，实训室，专业训练服（可着正装）。

（2）实训资料准备：相关客票票据、售票岗位作业指导书、实训任务单、教材等。

（3）情景准备：实训前各小组查阅、收集资料，选择铁路互联网售票、铁路票务自助终端设备售票等情景，情景中包括高速铁路车站售票人员、旅客。

（4）人员准备：实训分小组进行，每组6~8人，每小组做好人员分工。

2. 实施步骤

（1）指导旅客办理互联网注册。

（2）指导旅客互联网购票、改签、退票。

（3）指导旅客使用车站铁路票务自助终端设备。

（4）自动售（取）票机巡检作业。

（5）组内互查，教师总结并评分、评价。

3. 任务单

训练名称	高速铁路自助售票训练		
班　级		姓　名	

1. 使用12306网站或移动端办理电子客票改签。

2. 使用12306网站或移动端办理电子客票退票。

3. 使用车站铁路票务自助终端设备打印报销凭证。

4. 使用车站铁路票务自助终端设备办理免费乘车儿童申明。

任务总结：

4. 效果评价

	项目	A-优	B-良	C-中	D-及格	E-不及格	综合
小组评价	自助售票（20%）						
	自助改签（15%）						
	自助退票（15%）						
	团队合作（10%）						
教师评价	售、改签、退票（20%）						
	任务单（20%）						
	教师签名						

复习思考题

1. 铁路车票一般应当载明哪些主要信息？
2. 旅客购票可用哪些有效身份证件？
3. 儿童优惠票的发售条件是什么？
4. 学生优惠票的发售条件是什么？
5. 车站窗口售票包括哪些设备？

项目二　高速铁路车站客运作业

项目描述

高速铁路车站客运作业是车站客运服务的重要环节，贯穿整个旅客运输过程，是铁路对外展示企业文明形象的窗口，是一项烦琐复杂的工作。本项目主要介绍旅客进站组织、旅客站台乘降组织、旅客出站组织、站车交接等内容。

学习目标

1. 素质目标

通过学习高速铁路车站客运作业的内容及要求，弘扬劳动精神、奋斗精神、奉献精神、创造精神、勤俭节约精神，培育时代新风新貌。具有爱岗敬业，精益求精的工匠精神。

2. 能力目标

能按规定完成旅客实名制验证作业；能够组织旅客进行检票作业；能够安全、规范组织旅客乘降；能够安全有序引导旅客出站；能够按规定办理站车交接相关事项。

3. 知识目标

掌握旅客携带品的范围；掌握旅客进站及出站工作组织内容；掌握检票作业组织内容；掌握旅客站台乘降组织工作内容。

任务1　旅客进站组织

任务引入

高速铁路车站旅客进站组织包括安全检查、进站实名制核验、候车等作业过程。铁路运输企业应当公布车站运营时间、停止检票时间、服务项目及收费标准、旅客禁止或者限制携带物品目录等信息。

请思考：如何规范旅客进站组织作业？

相关知识

一、高速铁路客运站流线服务

旅客应当遵守法律、行政法规、规章和有关铁路运输安全规定，配合铁路工作人员的引导，爱护铁路设备设施，不得扰乱铁路运输秩序。旅客享有自主选择旅客运输服务和公平交易的权利。铁路运输企业不得限定、强制旅客使用某项服务或者搭售商品。

（一）车站流线组织

流线组织是指在高速铁路车站内,旅客和交通车辆的流动过程和流动路线,简称"流线"。车站的流线组织工作是根据各类流线的特征,结合车站实际空间布局条件,采用合理的组织管理手段,使旅客安全、便利、舒适地完成站内出行需求。遵循的原则为尽量避免和减少流线的相互交叉干扰,最大限度地缩短距离,避免流线迂回,防止对流保障安全。

（二）流线分类

从流动方向上分,高速铁路客运站流线可分为进站流线、出站流线和换乘流线。从流线性质上分为旅客流线和车辆流线。

1. 进站流线

进站流线指通过地铁、公交、出租车、飞机等各种交通工具,由本市、附近地区或其他区域到达车站乘坐高速铁路的进站客流活动流线。根据旅客进站后的行为流程又可细分为两种。一种是进站过安检,先购票或办理相关车票业务、再候车、最后检票乘车离开的常规乘车流线。一种是提前通过网络购买高速铁路车票,进站过安检后直接到检票口乘车离开的快速通过流线。

进站流线是高速铁路车站内最为重要的流线,旅客从到达站外开始直到到达站台上车都是车站部门所要密切关注的服务对象。

2. 出站流线

出站流线指乘坐高速铁路列车到达车站的旅客经站台、出站通道、出站口,通过换乘分流通道,乘坐其他交通工具离站的活动流线。

出站流线是另一条高速铁路车站内的重要流线,将需要换乘市内其他交通方式的换乘流线都作为出站流线,如图 2-1-1 所示。

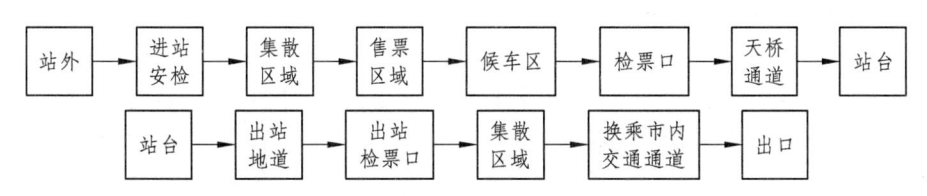

站外 → 进站安检 → 集散区域 → 售票区域 → 候车区 → 检票口 → 天桥通道 → 站台

站台 → 出站地道 → 出站检票口 → 集散区域 → 换乘市内交通通道 → 出口

图 2-1-1　高速铁路车站进出站组织流线

3. 中转换乘流线

换乘流线是指到站后换乘高速铁路动车继续旅行的铁路中转客流或在其他交通工具间换乘旅客的活动流线。根据实际情况可细分为三种。

（1）内部中转流线。

旅客提前购买好联程高速铁路或动车车票,到达枢纽车站后,经站台和换乘通道到达候车室,持换乘列车车票经检票乘坐其他列车离开的活动流线。

（2）出站中转流线。

旅客未提前购买好换乘列车车票,到达枢纽车站后,先出站,再进站过安检、进行购票、再经候车、检票乘坐列车离开的活动流线。

（3）外部换乘流线。

在地铁、公交、出租车等交通工具之间换乘的本市或本地区的客流活动流线。换乘流线如图2-1-2所示。

站台 → 出站地道 → 集散区域 → 换乘楼梯自动扶梯 → 目标站台

图2-1-2 高速铁路车站换乘组织流线

二、旅客及其携带品安全检查

铁路运输企业应当按照《中华人民共和国反恐怖主义法》《铁路安全管理条例》《铁路旅客运输安全检查管理办法》等规定，对旅客及其携带品进行安全检查。旅客携带品应当遵守国家禁止或者限制运输的相关规定。

（一）旅客携带品

旅客携带品出自己负责看管。旅客需妥善放置携带品，不得影响公共空间使用和安全。

1. 旅客携带品定义

旅客携带品是指旅客未向铁路办理托运，将旅行中所需要的物品如提包、背包、行李袋等带入乘坐的客车内，旅客随身带入客车并自行负责看管的零星物品。

2. 旅客每人免费携带品的重量和规格

乘坐动车组列车的旅客随身携带品每件长、宽、高相加之和不得超过130厘米；重量不超过20千克。携带平衡车、滑行器等轮式代步工具须使用硬质包装物妥善包装。

依靠辅助器具才能行动的老、幼、病、残、孕等特殊重点旅客旅行时代步的折叠式轮椅，以及随行婴儿使用的折叠婴儿车，可免费携带并不计入范围。

为保障车站、旅客列车等公共场所内外整洁、空气清新，妨碍公共卫生的物品，能够损坏或污染车辆的物品，以及活动物（导盲犬和作为食品且经封闭箱体包装的鱼、虾、蟹、贝、软体类水产动物除外）不得随身携带乘车。

（二）铁路旅客禁止托运和随身携带的物品要求

旅客随身携带物品应当遵守国家禁止或者限制运输的相关规定。旅客违规携带的物品在乘车站禁止进站上车。

1. 禁止托运和随身携带的物品

（1）枪支、子弹类（含主要零部件）。

① 军用枪、公务用枪。手枪、冲锋枪、步枪、机枪、防暴枪等以及各类配用子弹。

② 民用枪。气枪、猎枪、运动枪、麻醉注射枪等以及各类配用子弹。

③ 道具枪、发令枪、钢珠枪、催泪枪、电击枪等以及各类配用子弹。

④ 上述物品的样品、仿制品。

（2）爆炸物品类。

① 弹药。炸弹、照明弹、燃烧弹、烟幕弹、信号弹、催泪弹、毒气弹、手雷、地雷、手榴弹等。

② 爆破器材。炸药、雷管、导火索、导爆索、震源弹、爆破剂等。

③ 烟火制品。礼花弹、烟花（含冷光烟花）、鞭炮、摔炮、拉炮、砸炮等各类烟花爆竹，发令纸、黑火药、烟火药、引火线，以及"钢丝棉烟花"等具有烟花效果的制品等。

④ 上述物品的仿制品。

（3）管制器具。

① 管制刀具。根据《管制刀具分类与安全要求》（GA 1334—2016），认定为管制刀具的专用刀具（匕首、刺刀、佩刀、三棱刮刀、猎刀、加长弹簧折叠刀等）、特殊厨用刀具（加长砍骨刀、加长西瓜刀、加长分刀、剔骨刀、屠宰刀、多用刀等）、开刃的武术与工艺礼品刀具（武术刀、剑等），以及其他管制刀具（超过 GA/T 1335《日用刀具分类与安全要求》规定的尺寸规格限制要求的各种刀具）。

② 其他器具。警棍、军用或者警用匕首、催泪器、电击器、防卫器、弩、弩箭等。

（4）易燃易爆物品。

① 压缩气体和液化气体。氢气、甲烷、乙烷、环氧乙烷、二甲醚、丁烷、天然气、乙烯、氯乙烯、丙烯、乙炔（溶于介质的）、一氧化碳、液化石油气、氟利昂、氧气（供病人吸氧的袋装医用氧气除外）、水煤气等。

酒精体积百分含量大于 70%或者标志不清晰的酒类饮品禁止携带。

② 易燃液体。汽油（包括甲醇汽油、乙醇汽油）、煤油、柴油、苯、酒精、酒精体积百分含量大于 70%或者标志不清晰的酒类饮品、1,2-环氧丙烷、二硫化碳、甲醇、丙酮、乙醚、油漆、稀料、松香油等。

③ 易燃固体。红磷、闪光粉、固体酒精、赛璐珞、发泡剂 H、偶氮二异庚腈等。

④ 自燃物品。黄磷、白磷、硝化纤维（含胶片）、油纸及其制品等。

⑤ 遇湿易燃物品。金属钾、钠、锂、碳化钙（电石）、镁铝粉等。

⑥ 氧化剂和有机过氧化物。高锰酸钾、氯酸钾、过氧化钠、过氧化钾、过氧化铅、过醋酸、双氧水、氯酸钠、硝酸铵等。

（5）毒害品。

氰化物、砒霜、硒粉、苯酚、氯、氨、异氰酸甲酯、硫酸二甲酯等高毒化学品以及灭鼠药、杀虫剂、除草剂等剧毒农药。

（6）腐蚀性物品。

硫酸、盐酸、硝酸、氢氧化钠、氢氧化钾、有液蓄电池（含氢氧化钾固体、注有酸液或碱液的）、汞（水银）等。

（7）放射性物品。

指含有放射性核素，并且其活度和比活度均高于国家规定豁免值的物品，详见《放射性物品分类和名录（试行）》。

（8）感染性物质。

包括可感染人类的高致病性病原微生物菌（毒）种和感染性样本，详见《人间传染的病原微生物名录》中危害程度分类为第一类、第二类的病原微生物。

（9）其他危害列车运行安全的物品。

其他危害列车运行安全的物品包括可能干扰列车信号的强磁化物、硫化氢及有强烈刺激性气味或者有恶臭等异味的物品、容易引起旅客恐慌情绪的物品、不能判明性质但可能具有危险性的物品。

（10）法律、行政法规、规章规定的其他禁止携带、运输的物品。

2．禁止随身携带但可以托运的物品

部分物品禁止随身携带，但可以办理托运。

（1）锐器。

菜刀、水果刀、剪刀、美工刀、雕刻刀、裁纸刀等日用刀具（刀刃长度超过60毫米）；手术刀、刨刀、铣刀等专业刀具；刀、矛、戟等器械。

（2）钝器。

棍棒、球棒、桌球杆、曲棍球杆等。

（3）工具农具。

钻机、凿、锥、锯、斧头、焊枪、射钉枪、锤、冰镐、耙、铁锹、镢头、锄头、农用叉、镰刀、铡刀等。

（4）其他。

反曲弓、复合弓等非机械弓箭类器材，消防灭火枪，飞镖、弹弓，不超过50毫升的防身喷剂等。

（5）小型活动物。

持有检疫证明、装于专门容器内的小型活动物，铁路运输企业应当向旅客说明运输过程中通风、温度条件。

持工作证明的导盲犬和作为食品且经封闭箱体包装的鱼、虾、蟹、贝、软体类水产动物可以随身携带。

3．限制随身携带的物品

（1）酒类饮品。

包装密封完好、标志清晰且酒精体积百分含量大于或者等于24%、小于或者等于70%的酒类饮品累计不超过3000毫升。

（2）防晒喷雾、摩丝、发胶。

冷烫精、染发剂、摩丝、发胶、杀虫剂、空气清新剂等自喷压力容器，单体容器容积不超过150毫升，每种限带1件，累计不超过600毫升。

（3）香水、花露水。

香水、花露水、喷雾、凝胶等含易燃成分的非自喷压力容器日用品，单体容器容积不超过100毫升，每种限带1件。

（4）充电宝、锂电池。

标志清晰的充电宝、锂电池，单块额定能量不超过100 Wh，含有锂电池的电动轮椅除外。

（5）指甲油、去光剂。

指甲油、去光剂累计不超过50毫升。

（6）火柴、打火机。

安全火柴不超过 2 小盒，普通打火机不超过 2 个。

（三）车站安全检查工作要求

1. 车站旅客运输安全检查系统

车站旅客安全检查设备应实现对旅客携带物品的安全检查。

（1）车站安检区设置双源双视角安检仪、安全门、手持金属探测仪、防爆罐、防爆毯等安全检查设施，安检通道设置液体检测仪器，大型及以上车站设置爆炸物测探仪器，其他车站可设置爆炸物测探仪器。

（2）车站旅客安全检查设施的配置数量应根据安检区的设置、旅客高峰小时发送量、不同进站口客流比例等因素综合确定，每个车站安检仪数量不宜少于 2 台，其中车站商务座专用通道应设置旅客携带物品安全检查设施。

（3）安检仪联网条件应符合国铁集团相关规定。

车站旅客运输安全检查系统如图 2-1-3 所示。

图 2-1-3　车站旅客运输安全检查系统

2. 安全检查工作岗位职责

安检人员持证上岗，佩戴标志。旅客人人通过安全门和手持金属探测器检查，携带品件件过机。

（1）安检引导员岗位职责。

① 手持"请稍候"提示牌，宣传、引导、提示进站人员接受安检，有效组织进站人员排队和分流。

② 依次逐人放行，控制进站人员进入安检通道的速度，确保安检通道各岗位工作有序开展。客流高峰时，增加安检通道仍不能满足进站人员进站需求时，可适当增加逐次放行人数，但原则上一个通道一次放行不超过 3 人。

③ 引导、协助进站人员以正确的方式将携带物品放置在安检仪传送带上，逐件通过安检仪检查，杜绝漏检漏查。

（2）安检手检员岗位职责。

① 使用手持金属探测器和手工检查，对旅客进行人身安全检查。作业人员应面对安全门站立，认真观察，受检查人员通过安全门后，示意受检人员停下，站上手检台（遇告知有心脏起搏器、怀孕等不宜仪器安检的进站人员，应引导其接受手工检查）。

② 对通过安全门及手持金属探测器报警的可疑部位进行手工检查确认，重点检查双手、

头部（帽子）、腋下、腰部、躯干（衣裤兜）、脚踝等。

③ 对旅客身上查出的物品进行检查，手检过程中发现问题及时进行汇报。

④ 手检工作应在受检人员拿取行李之前进行。检查中使用文明用语，不得强拉硬拽。对女性实施检查时，应由女性安检员进行。检查结束后告知受检人员检查完毕，感谢配合并提醒其拿好自己的物品。

（3）安检值机员岗位职责。

① 熟练操作安检仪，保持设备干净整洁。

② 熟知禁限物品的种类和范围，掌握安检仪工作原理、成像规律、判图方法，准确鉴别各类禁限物品。

安检图像如图 2-1-4 所示。

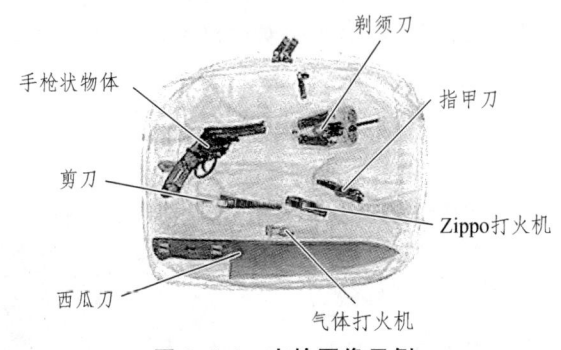

图 2-1-4 安检图像示例

（4）安检处置员岗位职责。

① 对值机员、手检员通知的可疑物品进行开箱（包）检查。细致、准确查找可疑物品，对旅客携带品经过安检仪检查，无法确认安全性的液体使用液体检测仪进行检查。

② 发现旅客携带禁止随身携带的物品或者超过规格、数量携带限制随身携带的物品时，应当向旅客宣传法律常识及告知所携带危险品的危害性，并根据国家相关法律法规要求，正确处置禁、限带危险物品。

③ 发现的禁限物品按规定做好登记、处置以及暂存等工作。

④ 处置过程中开启音视频记录仪，原则上应由旅客自己开箱（包）或出示携带物品，必要时可进行开箱（包）检查，尽量保持旅客物品完好。人工检查应当在视频监控覆盖的场所实施。检查结束后，再次过机复检。

⑤ 将安检查获物品整齐码放在储物箱中，不得随意堆放，并及时移交。

⑥ 熟知防爆器材（防爆毯、防爆罐、防爆围栏、警械带）的准确位置。

三、进站实名制核验

（一）车票查验要求

铁路运输企业按照国家有关规定对旅客所持车票和有效身份证件进行车票实名制查验。旅客应配合铁路运输企业实施的车票实名制查验工作，携带免费乘车儿童还应提供其购票申明时使用的儿童有效身份证件。

（二）进站实名制核验

实名验证设置在进站口处。应设置安全须知、"一米线"、验票验证等标识，告知旅客实名制验证注意事项，引导旅客有序等候。车站进站验证口如图 2-1-5 所示。

图 2-1-5　车站进站验证口

1. 自助实名制验证验票

旅客购票后，持可自动识读的证件进站候车时，自助实名制验证闸机可以识读旅客的证件号码，自动查询旅客有效的电子客票信息，完成车票有效性验证，同时通过摄像头采集旅客图像信息完成人脸比对。提示比对结果，引导旅客到指定检票口进站乘车。

操作流程：进站旅客需进入验票通道，首先站立在设备前方的绿色脚丫标识处。随后将身份证置于指定位置进行识别，为保证刷脸顺畅，需将帽子、口罩、墨镜等人脸遮挡物摘下，双眼注视摄像头完成人脸识别。系统会将车票、身份证、人脸三项进行比对，确认信息匹配成功后，进站通道的闸机便会自动打开，如图 2-1-6 所示。

第一步：请取下 等面部遮挡物，准备好身份证，站在通道前。

第二步：将身份证靠近扫描区，如下图所示：

第三步：请注视屏幕上方摄像头，验证通过后闸门打开，请旅客通行。

自助验证

图 2-1-6　自助实名制验证验票操作

2. 人工实名制核验

旅客购票后，人工实名制验证口可以通过身份证识读设备识读身份证件，显示姓名、照片等信息；对非可识读证件可以手工输入证件号或通过二维条码扫描设备，扫描行程信息提示单二维码，查询有效的电子客票信息。客运人员核对票、证、人一致后，方可允许旅客进站，人工实名制核验如图2-1-7所示。

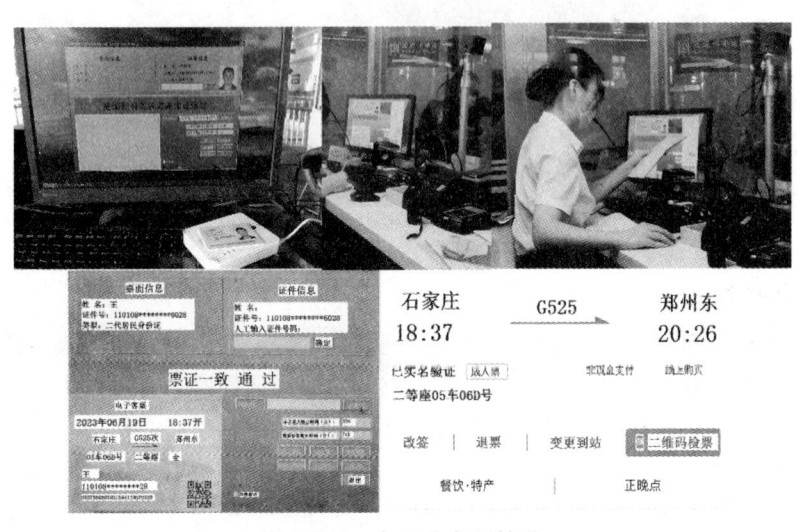

图2-1-7 人工实名制核验

人工验证口大人带小孩进站组织

人工验证口旅客持户口本进站组织

人工验证口旅客持临时身份证进站组织

人工验证口外籍旅客持护照进站组织

人工验证口重点旅客进站组织

（三）铁路职工乘车证

1. 铁路乘车证的种类和颜色

乘车证共分为九个票种、三种颜色，如图2-1-8所示。
① 软席全年定期乘车证，浅粉色，横版。
② 软席乘车证（含单程，往返，临时定期），浅粉色，竖版。
③ 硬席全年定期乘车证，浅蓝色，横版。
④ 硬席临时定期乘车证，浅蓝色，竖版。
⑤ 硬席乘车证（含单程，往返），浅蓝色，竖版。
⑥ 便乘证，浅蓝色，竖版。
⑦ 通勤乘车证（含通学，定期），浅黄色，横版。
⑧ 就医乘车证（含往返，临时定期，全年定期），浅黄色，竖版。
⑨ 探亲乘车证（含单程，往返），浅黄色，竖版。

持用全年定期、临时定期、定期通勤乘车证，应同时附有乘车证使用卡片，卡片由乘车证填发单位发给。在填发乘车证同时填发卡片，并在乘车证背面和卡片（骑缝）加盖乘车证专用章。

2. 乘车证使用的有关规定

持有各种铁路乘车证的铁路员工允许乘坐高铁、动车组车，但须办理签证。软席乘车证人员可以办理一等座席签证。

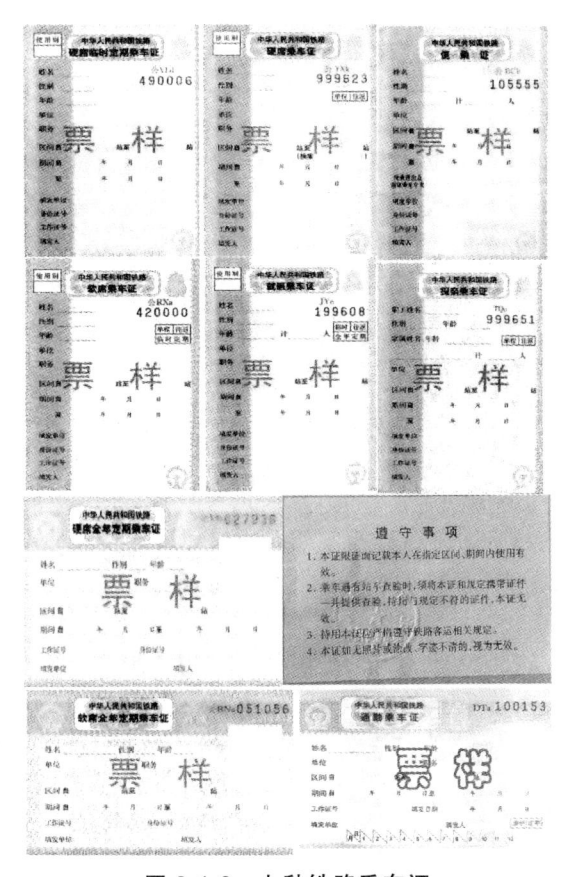

图 2-1-8　九种铁路乘车证

（四）验证口客运员作业内容及质量标准

1. 班前准备

身着统一制服，佩戴职务标志，按照仪容仪表标准上岗。

2. 班前点名

（1）参加点名会，对本岗位人员仪容仪表、携带备品等情况进行检查。
（2）听取车间干部、值班站长传达文电、调度命令、重点事项。
（3）学习业务知识，参加提问考试。
（4）将手机交由值班员，并送交值班站长室统一保管。上交手机的同时，接受酒精测试。

3. 对岗接班

（1）携带功能良好的无线对讲设备、音视频摄录仪沿固定径路，列队上岗。
（2）对实名制核验设备、显示设备、消防设施、手持设备等设备进行检查；检查岗点卫生是否符合标准；检查客运资料、备品是否完整定位。检查电扶梯、无障碍电梯、广播设备、休息室空调等设备是否作用良好。
（3）对列车运行情况、客流情况、设备备品及其他重点事项进行交接。

4. 班中作业

（1）验证作业。

① 自助实名制核验闸机验证。

使用居民身份证（包含中华人民共和国居民身份证、外国人永久居留身份证、港澳台居民居住证）、港澳居民来往内地通行证、台湾居民来往大陆通行证等可识读证件（以下简称可自动识读证件）购买铁路电子客票的旅客，凭购票时所使用的乘车人有效身份证件原件，可通过实名制核验闸机自助完成实名制验证手续。持学生票、残疾军人票的旅客，办理核验手续后可自助进站乘车。

② 人工验证。

使用自动识读证件以外的其他证件购买铁路电子客票的旅客，凭购票时所使用的乘车人有效身份证件原件，持铁路工作证职工，通过人工验证口输入证件号码（或识读行程信息提示单）后完成验证手续。

③ 持中铁银通卡和同城卡的旅客验证。

对持中铁银通卡和同城卡的旅客查验票证人一致性，并查验是否具有取号凭条，确认信息相符后，允许旅客进站。持银通卡乘车的旅客银通卡视为有效证件，旅客不需要再出示身份证等证件。

对无法出示有效身份证件原件的旅客，指引旅客办理临时身份证明。

④ 复位重验。

验证后旅客出候车区要求再次进入，人工重新核对票、证、人一致后，方可允许旅客进站。对验证后要求出候车区的旅客，使用扫描器和身份证分别对乘车人、身份证信息进行扫描，系统自动比对信息相符并删除进站记录；再次进入须重新验证。

⑤ 防范误乘误降。

对旅客票、证、人一致性不符的人员要阻拦制止，拒绝进站乘车并及时通报。

（2）巡查作业。

① 按照"网格化管理"的要求对特种设备及信息设备运行状态进行检查。

② 巡查电梯运行方向正确、验证设备和广播设备，确认状态良好。

③ 对本岗位人员到岗情况、开口数量做好互控。

④ 负责验证口相关作业人员和作业状态的互控。

（3）引导作业。

① 爱心通道负责发现重点旅客，并提供相应服务。

② 遇客流较大时，组织验证亭外值岗人员负责疏导旅客进站，做到进站口旅客不拥堵。

③ 验证口客运员识别旅客是否为重点旅客，对不满足重点旅客特征的，应耐心劝阻其送站人出站。发现重点旅客后，经验证口值班员（含验证组组长）判断后，允许旅客及其同行人进站，并指引到服务台领取爱心送站卡。

④ 组织旅客安全乘梯，对行李超重、超大和重点旅客，引导登乘无障碍电梯。

⑤ 组织老、幼、病、残、孕等重点旅客登乘无障碍电梯进出站。

5. 交班准备

（1）整理设备备品定置摆放，检查休息室卫生。

（2）检查显示设备、广播设备、消防设施、电扶梯、无障碍电梯、验证设备、休息室空调等设备是否作用良好。

6. 对岗交班

（1）交清列车运行情况、客流情况、设备备品及其他重点事项。
（2）交班完毕，列队离岗。

7. 班后总结

（1）参加班后会，收集本班各岗位作业情况，总结当班工作，提出改进意见。
（2）班组发生违章违纪问题时参加分析会，查明原因、明确责任，配合值班站长制定整改措施，按规定考核。

四、候车服务

铁路运输企业应当为旅客提供良好的旅行环境和服务设施，文明礼貌地为旅客服务，在约定期限或者合理期限内将旅客安全运输到车票载明的到站。在车站等公共场所设置安全标志、导向系统和信息服务系统等设备设施。

（一）旅客分流导向标识

旅客分流导向标识设置在安检区与候车大厅衔接处，告知旅客各方位信息，根据车站形式可分为双层候车型车站旅客分流引导和大型枢纽车站旅客分流引导。候车区标识为在此区域内等候乘车的旅客提供标识信息服务，同时引导旅客进入正确的检票区域检票乘车。候车区标识应准确告知旅客卫生间、饮用水、客运和公安值班室等位置，应根据旅客流线和站房结构设置相关的导向标识，以及必要的服务和警示标识，大中型车站设置综合服务台。单层小型车站候车区布置如图2-1-9所示。

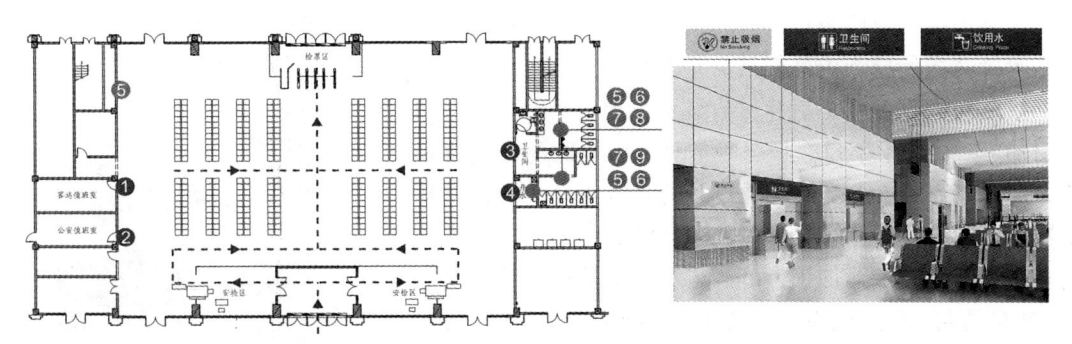

①—客运值班室；②—公安值班室；③—卫生间；④—饮用水；⑤—禁止吸烟；
⑥—当心滑倒；⑦—请勿乱扔废弃物；⑧—非饮用水；⑨—当心烫伤。

图 2-1-9　单层小型车站候车区布置示意

（二）客服中心（综合性服务台）服务工作

高速铁路车站客服中心位置适当，标志醒目，配备信息终端和存放服务资料、备品的设备。

1. 服务工作内容

主要提供求助服务(包括重点旅客、失物招领、辅助器械等服务项目)、应急改签、咨询服务、投诉建议受理及会员服务。实行首问首诉负责制。正确回答旅客候车、中转换乘、购票、退票、改签等内容，对旅客问询做到有问必答，回答准确；对旅客提出的问题不能解决时，指引到相应岗位，并做好耐心解释。接听电话时，向旅客通报单位和姓名。

2. 服务设施备品

服务台设施备品包括综合查询终端，具备铁路办公网、客票网、互联网接入条件；配备电话传真复印一体机、无线对讲设备、视频监控、音视频记录仪；配备衡器（带携带品尺寸测量）、轮椅、拐杖、担架等辅助器械、便民箱（包括针线包、胶带、老花镜、尼龙绳、信封、小工具盒等）、药品箱（放置非处方药品并建立台账，对缺失及过期的药品及时进行撤除和补充，确保旅客使用安全）；配备与旅客服务有关的资料（公交信息、旅游信息、新业务信息等）并定置摆放。

车站客服中心设施备品如图 2-1-10 所示。

图 2-1-10　车站客服中心设施备品

（三）候车室服务工作

铁路运输企业应当提供齐全、干净、整洁的服务备品。车站等公共场所应当内外整洁、空气清新。

候车区内设置候车引导屏，显示车次、始发站、终到站、开车时刻、检票口、状态等信息。候车区配备适量座椅，摆放整齐，不影响旅客通行。设有饮水处，配备电开水器，有加热、保温标志，水质符合国家标准要求。可开启式箱盖的电开水器加锁，箱盖与箱体无间隙。设有卫生间，厕位适量。有通风换气和洗手池、干手器等盥洗设备，正常使用，作用良好。厕位间设置挂钩。购票信息查询打印终端设置于候车室内、检票口附近，供旅客自助查询购票和席位信息，打印行程信息提示单。

购票信息查询打印终端如图 2-1-11 所示。

候车室工作人员应保证候车室有良好秩序，要主动、热情、诚恳、周到地为旅客服务。

候车室打印行程信息提示单

图 2-1-11　购票信息查询打印终端

（四）服务台客运员班中作业内容

1. 解答问询

熟练掌握规章制度、列车编组、时刻表、候车地点及站内服务旅客的各种设施，对传达的文电命令及加开、停运列车等有关注意事项掌握清楚，做到心中有数；熟练使用查询终端各种功能，向旅客介绍车站售票、退票、列车到发、中转换乘规定，及当地水陆交通、城市公共交通等情况，做到主动热情、简洁明了、规范准确、解释到位。

2. 重点服务

（1）对要求有特殊服务的旅客，热情接待，根据旅客需求提供所需服务，对服务完的重点旅客进行详细登记。对需接送站的人员发放"爱心接送站卡"，做好登记，留存。对需要升降平台的旅客必须专人用升降平台将旅客安全送到。

（2）及时处理12306铁路客户服务中心利用客运管理信息系统流转的工单（电子投诉工单、表扬工单、旅客遗失品工单、重点旅客预约工单），签收后及时处理。对旅客捡拾及列车交接的旅客遗失品进行登记、录入客运管理信息系统，并安排人员及时查找。作业完毕，将重点旅客工单和遗失品工单进行分类留存备案。

（3）军人查验证件后，引导至军人候车专区候车。

3. 查询列车上下车人数

利用计划管理系统票库查询版块查询列车的上下车人数，重点查询复兴号列车每节车厢上下车人数，将重点车厢汇报客运值班员。

任务实施

1. 任务准备

（1）设备准备：仿真安全检查设备、模拟自助实名制核验设备、模拟人工实名制核验设备，候车服务设备、客运无线对讲设备、音视频摄录仪、实训室，专业训练服（可着正装）。

（2）实训资料准备：相关旅客身份证件，验证口、服务台客运作业指导书，实训任务单，教材等。

（3）情景准备：实训前各小组查阅、收集资料，选择铁路进站安全检查、旅客进站实名制核验、服务台服务等情景，情景中包括高速铁路车站客运服务人员、旅客。

（4）人员准备：实训分小组进行，每组6~8人，每小组做好人员分工。

2. 实施步骤

（1）对进站旅客进行携带品安全检查。

（2）为进站旅客办理实名制核验。

（3）为进站候车旅客服务。

（4）组内互查，教师总结并评分、评价。

3. 任务单

训练名称	高速铁路旅客进站组织训练		
班　级		姓　名	

1. 旅客携带品安全检查。
2. 引导旅客自助办理实名制核验。
3. 为进站旅客人工办理实名制核验。
4. 服务台解答旅客问询。
任务总结：

4. 效果评价

	项目	A-优	B-良	C-中	D-及格	E-不及格	综合
小组评价	安全检查（15%）						
	实名制核验（15%）						
	候车服务（20%）						
	团队合作（10%）						
教师评价	进站组织（20%）						
	任务单（20%）						
	教师签名						

任务 2 检票及站台乘降组织

任务引入

铁路运输企业应当按照有效车票记载的时间、车次、车厢号、席别和席位号运输旅客；旅客应当按照有效车票载明的时间、车次、车厢号、席别和席位号乘车。高速铁路车站旅客检票作业要掌握客流变化及列车运行情况，做好检票作业，随时关注检票口旅客情况，确保列车安全正点。

请思考：如何规范检票及站台乘降组织作业？

相关知识

一、旅客乘车条件

（1）旅客的乘车凭证是购票时使用的有效身份证件；随行免费乘车儿童的乘车凭证是其申明时所使用的儿童有效身份证件。

（2）旅客应当按有效车票载明的日期、时间、车次、车厢号、席位号和席别乘车。

（3）持低票价席别车票的旅客不能在高票价席别的车厢（区域）滞留。

二、检票作业

车站对进站的旅客和人员应当检票，对应当持证购买的优惠票、优待票，铁路运输企业还需核验旅客相应证件。车站在开车前提前停止检票，并应当在本站营业场所公告提前停止检票时间。旅客可通过乘车站营业场所公告查询。

（一）检票区布置

检票区为候车旅客提供检票服务，引导旅客进入正确的检票口检票乘车。检票区应设置检票口位置、"一米线"等标识，引导旅客有序检票乘车。检票口处设置检票屏，显示车次、终到站、开车时刻、停靠站台、状态等信息。开始、停止检票时间的设置适应客流量和站场条件。

检票区布置如图 2-2-1 所示。

图 2-2-1　检票区布置

旅客可通过自助检票通道、人工检票通道[使用柱式检票机（半自助检票机）或手持检票设备]通道检票乘车。

（二）自助检票

检票作业以自助检票为主、人工检票为辅，同时加强检票前组队宣传和检票机使用方法介绍，满足旅客快速进站乘车的需求。

自助检票机为人脸识别验证闸机，设备包括摄像头、扬声器，支持电子客票检票下的身份证和手机二维码验检合一。

自助检票机如图 2-2-2 所示。

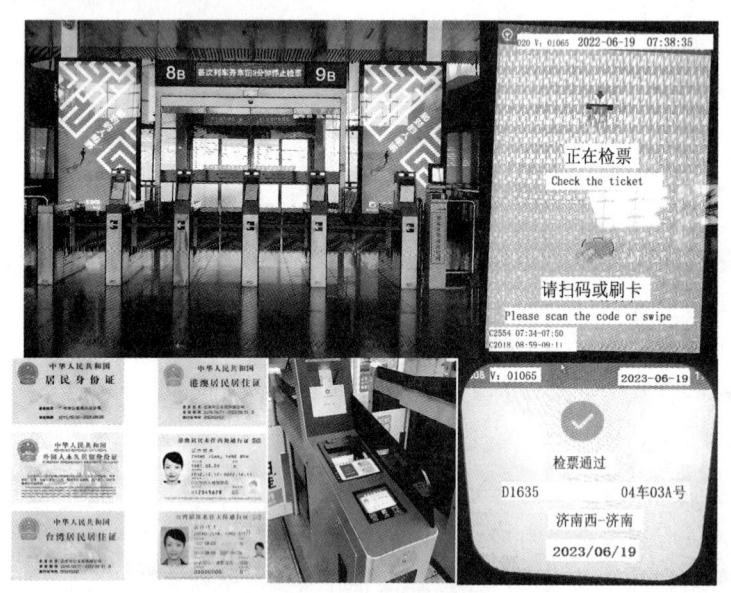

图 2-2-2　自助检票机

自助检票

（三）半自助检票机（柱式检票机）检票

旅客购买电子客票后，使用所有证件均可通过半自助检票机（人工通道）检票进站；可扫描行程信息提示单二维码、报销凭证二维码、动态二维码（乘车码），扫描二维码时须同时核验乘车人有效身份证件（动态二维码除外）；所有证件均可通过人工输入证件号码的方式查询旅客车票信息并进行核验。

柱式检票机为双屏显示，一侧为旅客显示页面，另一侧为工作人员操作界面。柱式检票机如图 2-2-3 所示。

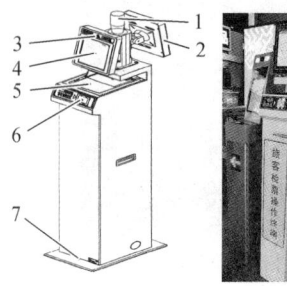

人工检票

①—顶部状态指示灯；②—检票操作触摸屏；③—人脸图像采集摄像头；④—旅客信息显示屏；
⑤—多功能证件阅读器；⑥—二维码识读模块；⑦—安装底座。

图 2-2-3 半自助检票机（柱式检票机）

（四）手持检票设备

旅客购买电子客票后，使用所有证件均可通过手持检票设备进站。

开始检票可以使用身份证读卡器、手输证件号、扫码检票。电子客票查询可以通过证件读卡器、手输证件号查询电子票。

点击开始检票→默认进站检（进出站检票可以显示近一个小时内的检票计划）→开始检票的时候颜色变成绿色→可以单一勾选和多个勾选并点击下面的蓝色开始检票按钮。

电子客票查询可以实现证件读取和手动输入两种模式。手持检票设备如图 2-2-4 所示。

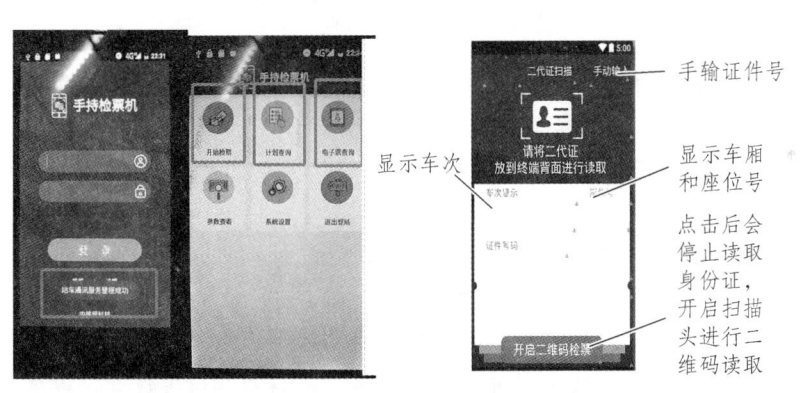

图 2-2-4 手持检票设备

旅客检票后在车票发站开车前取消旅行，需办理改签、退票手续的，应在开车前主动向车站声明。

（五）检票口客运员班中作业

1. 出场到岗

检票计划下达前 5 分钟到岗。携带检票口钥匙、无线对讲设备、无障碍电梯卡、检票口大门门禁卡、小区广播、音视频记录仪上岗，并保持功能良好。

雨雪天、任务需要时可联系综控室、站台确认车底停靠情况，并与列车长沟通后进行提前检票。岗位上作业时，禁止携带手机，携带音视频记录仪对作业全过程进行录像，从列车预报接近出务开始至列车停检作业完毕时止。

2. 确认检票条件

检票口客运人员与站台客运员确认是否具备放行条件。

（1）始发列车检票。

站台客运值班员确认列车车底，具备检票条件，通知检票员开始检票。

检票前，站台客运员确认车底后，应与检票员进行联系互控。站台客运员："××次可以检票。"检票员回复："××次可以检票。"

（2）经停列车检票。

先候车后检票模式时，站台客运值班员确认经停列车停稳，具备检票条件，通知检票员开始检票；先检票后候车模式时，站台客运值班员确认收到综控室（广播室）列车接近通告，具备检票条件，通知检票员开始检票。

经停列车具备检票条件，站台客运人员发现检票口未放行旅客时，要主动与检票员联控，防止旅客漏检。

3. 到岗后巡查

检票口客运人员到岗后核查进站检票闸机、显示屏或检票通道等信息（如：列车车次、运行区间、到开时刻、停靠站台等）是否正确、设备设施作用良好，发现信息有误或显示不全，及时汇报处置。检查广播、导向等客服设备运行状态；测试电扶梯运行状态。

4. 检票组织

（1）组织旅客有序排队，引导老、幼、病、残、孕等重点旅客、商务座旅客、军人优先检票进站。

（2）引导老、幼、病、残、孕等重点旅客及携带超重、超大行李、婴儿车的旅客登乘无障碍电梯。

（3）引导持可自动识读证件（中华人民共和国居民身份证、外国人永久居留身份证、港澳台居民居住证、港澳居民来往内地通行证、台湾居民来往大陆通行证）、银通卡、同城卡或持铁路12306移动端生成的动态二维码的旅客，通过车站自动检票机办理检票手续。引导使用其他证件购买铁路电子客票的旅客，凭购票时所使用的乘车人有效身份证件原件，通过人工检票口半自助检票机或手持检票设备输入证件号码（或识读行程信息提示单）后完成进站检票手续。引导铁路乘车证的人员经人工检票口进站。引导经过核验的持残疾军人票、学生票旅客通过检票机自助检票进站。电子护照也属于可识读证件。

5. 广播宣传

做好检票作业中及停检前广播宣传。广播语音清晰，音量适宜，用语规范，内容准确，播放及时。通告列车运行情况、检票等信息，禁止携带危险品进站上车、旅行安全常识、公共卫生和候车区禁止吸烟等宣传。

（1）检票前。

"旅客们，欢迎您到××站乘车。××次列车即将检票，请您到××号检票口排队等候。老人、带小孩及行动不便的旅客请您到人工口排队等候。使用身份证购票的旅客，检票时请您右手持证，放在证件识读区刷证进站，使用护照、临时身份证等证件购票的旅客，请您到人工检票口检票进站。感谢您的配合，祝您旅途愉快！"

（2）检票中。

"旅客们，欢迎您到××站乘车。××次列车正在检票，请您到××号检票口检票上车，祝您旅途愉快。"

6. 拦阻

对闯闸、尾随、翻越检票栏杆的行为进行拦阻。

7. 停止检票

开车前××分钟停止检票，列车停检前，车站综控室（广播室）、检票口客运员对检票车次进行反复广播宣传，提示候车室内候车旅客注意检票车次、时间，确认无赶车旅客。

8. 联系确认

停检时，与站台客运员联系确认无赶车旅客。联系用语为检票员："××次停检，无赶车旅客。"站台客运员回复："××次停检，无赶车旅客，站台明白。"停止检票后，检票口客运员及时锁闭检票口，不得再放行旅客，并与站台客运人员做好互控。

9. 停检后

停检后，不得再放行旅客，先锁闭检票口大门，再锁闭检票口栅栏门，检票屏车次信息下屏后撤岗。

三、中转换乘组织

旅客在车站作短暂的停留之后继续乘车旅行时，需要解决中转签证或重新购票，以及在停留地的住宿、饮食等方面的问题。换乘站设地面标识及工作人员引导从楼梯或无障碍电梯进行换乘，如图2-2-5所示。

（1）接到站台客运员中转旅客需换乘信息，确定集中检票客流进站后，根据旅客人数开启自动扶梯和人工检票口。

（2）通知站台客运员引导旅客经无障碍电梯、自动扶梯或楼梯进入候车室。

图2-2-5 换乘标识

（3）引导旅客经人工检票口或双向检票机进入候车室候车。

四、旅客乘降工作组织

（一）旅客站台

为保证旅客安全、便利上下车，提高旅客乘降速度，提高客运站通过能力，在办理旅客乘降的车站设置旅客站台。站台两端应设置台阶或坡道及防护栅栏，设宽度不小于1.0m的栅栏门，并悬挂禁行标志，防护栅栏不得侵限。站台设有响铃设备，作用良好；地面标示站台安全线或安装安全门（屏蔽门），内侧铺设提示盲道；安全线内侧或安全门（屏蔽门）左侧设置上下车指示线标志，位置准确，醒目易识；设置的座椅、垃圾箱（桶）、广告灯箱等设施设备安放牢固，不影响旅客通行。

站台标识为旅客提供登乘和下车出站相关信息服务。站台标识应准确告知旅客站名、站台编号，引导旅客出站，根据旅客流线和中转换乘需要设置相关的导向标识以及必要的警示标识，如图 2-2-6 所示。

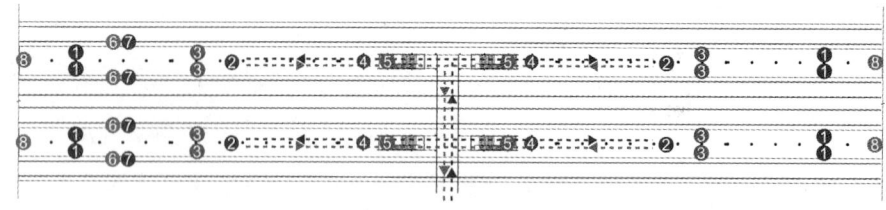

①②—站名；③—站名/出站引导；④—站台编号动静结合；⑤—出站指引；
⑥—小心站台间隙；⑦—车厢位置；⑧—禁止通行。

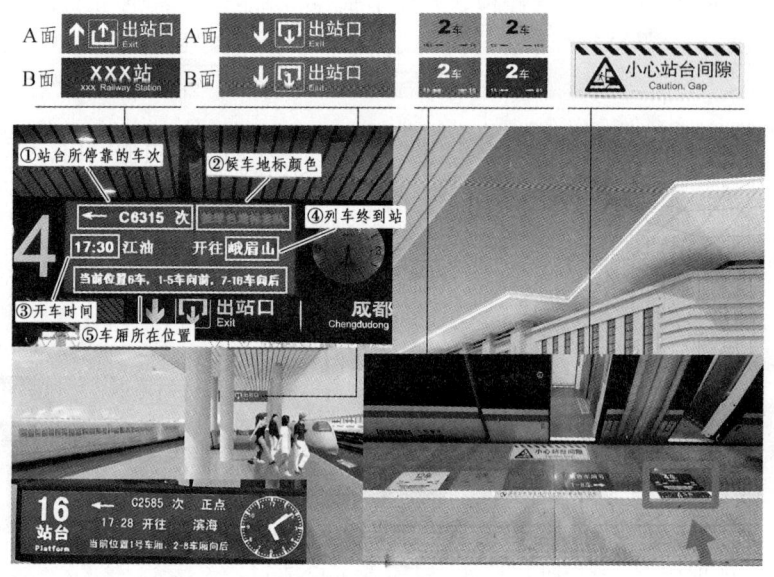

图 2-2-6 高速铁路车站站台示意

动车组列车客运作业的车站应设置动车组列车停车位置标，该标志为表面采用反光材料的蓝底白字牌，写有"动车组停车位置"。对于 8 辆编组及 16 辆编组的动车组停车位置不同，应分别写"8 辆动车组停车位置""16 辆动车组停车位置"。列车进站停车时，司机按动车组停车位置标停车，确认列车停稳、对准停车位置后开启车门。

（二）站台客运员班中作业内容

站台客运员携带可录音无线对讲设备、口哨、喇叭、音视频记录仪、小区广播扩音器，功能良好。站台客运员要熟知列车到发时刻、编组及车厢位置。了解掌握各次列车运行及客流变化情况，及时加强联系以了解列车是否晚点，确认停靠站台，并询问检票口准备工作是否就绪，若得到综控室传达的列车准点信息，立即通知检票口进行检票作业。

1. 出场到岗

列车进站前，站台客运人员及时出场，始发、经停列车检票前5分钟到岗。加强瞭望巡视，提示接站人员、流动售货车和已进入站台的乘车旅客进入安全线内。遇有雨雪天气时，应提前出场，及时清扫积雪、积冰，采取防滑措施，防止旅客摔伤。

站台客运员上岗后要打开音视频记录仪，全程保持摄录状态，遇有旅客伤害、遗失物品、站车交接、失信人员、采集旅客旁证资料、现场典型事件及突发情况等必须进行全过程录制。

2. 巡查

（1）按照"网格化管理"和客运轨旁设备（指位于铁路正线、到发线列车运行线路周边，可能影响行车安全的固定设备设施）的管理要求，重点对上水支架、上水软管、站台上方吊挂的摄像头、静态标识、综合显示信息屏、广播音箱、站台墙（站台上方）安装的发车电铃等及信息设备进行检查；巡查有无闲杂人员、侵限旅客。

（2）巡查股道内有无异物。

（3）巡查接触网（接引导线，承力索）上有无悬挂异物。

（4）负责与相关作业人员和作业状态进行互控。

（5）同站台旅客乘降作业组织。

① 一侧列车旅客乘降过程中，另一侧有列车进站或出发时，先接发列车，再组织乘降。

② 一侧列车发车，另一侧有列车进站时，站台客运人员应先行对即将进站列车一侧线路、站台进行巡视，确保列车进站前安全。按照先送后接的原则，送车时，列车尾部运行至本人管辖区域后，再到站台另一侧接进站列车。

③ 一侧列车旅客乘降过程中，另一侧有货车、单机通过时，先接发列车，再组织乘降。

④ 一侧有到达列车，旅客在出站过程中，另一侧有列车进站或出发时，站台客运员应在列车进站站台一侧接车，同时宣传下车旅客靠近已到达列车一侧安全线内行走，重点关注站台狭窄区域。

3. 接车（以某高铁站为例）

（1）客运员按规定位置，做好接车准备。

① 单编组动车组列车在7车、2车位置以及进站桥口接车。停车标位置、6车、8车位置送车。

② 长编组（重联）动车组列车在14车、8、9位（重联）位置、6车位置接送车。接送车位置示意如图2-2-7所示。

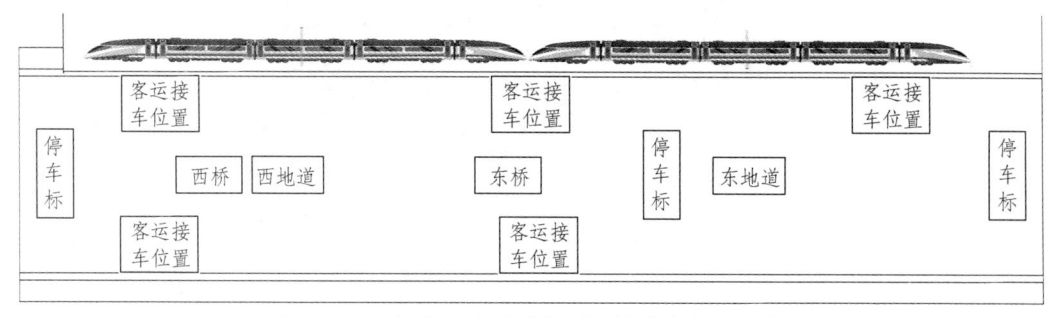

图2-2-7 长编组（重联）列车接送车位置示意

（2）足靠安全线，面向列车进站方向，自列车进入站台开始，机车经过面前时，向列车方向转体面向列车车辆至列车停稳。

（3）列车进站前，下行（上行）方向列车由站台客运员将录音无线对讲设备调至列车频道询问列车长是否有重点交接内容，若没有重点交接事项或交接内容时，站台客运员须先组织旅客出站，再与列车办理交接。

4．乘降组织

列车进站停稳后，立即报告综控室，全力组织旅客安全乘降。对重点列车或客流较大的列车，要加大宣传和疏导力度，主动在上车通道、车厢门口引导旅客有序上下车，并防控电梯安全。

（1）联系候车室检票口客运员检票。

（2）组织引导下车旅客沿车站出站通道有序出站，防止旅客因拥挤造成伤害，劝阻旅客，不让其做出跨越车辆、线路，不走出站通道等违章的不安全行为。

（3）在动车组列车相应部位办理重点旅客、遗失品、旅客伤害、失信人员等事项交接手续。

（4）引导旅客在安全线内行走，按照车厢顺号位置组织乘车。

（5）引导旅客安全乘梯，对行李超重、超大和重点旅客，引导登乘无障碍电梯。

（6）组织老、幼、病、残、孕等重点旅客优先上车；下车的重点旅客引导登乘无障碍电梯出站，对使用电动轮椅的重点旅客要全程陪护直至与重点旅客服务组客运员做好交接。

（7）各部位按照责任区域划分密切关注旅客动态，对行为异常旅客要进行提示、劝阻，严防旅客进入区间、钻爬车底、横越线路等行为。

（8）对作业车辆制动装置不良，作业人员违章违纪，机动车辆在旅客中穿行或与列车并行、逆行等危及行车和旅客安全的行为及时制止。所有人力车辆必须喷涂"准许上站"字样方可上站台，并在站台安全线内顺向摆放。站台两侧有动车组（列车）移动时，人力车辆必须停止移动。"准许上站"字样如图 2-2-8 所示。

图 2-2-8　"准许上站"字样

（9）开车前×分钟停止检票，停检前，组织旅客上车，关注扶梯、无障碍电梯周围等视线盲区，避免造成旅客漏乘，同时确认配餐和高铁快运装车情况。

（10）停检时，与检票员确认无赶车旅客。

（11）停检后，同站台客运员使用无线对讲设备做好准备发车互控。随时注意站台人员动向，防止闲杂人扒车、跳车、横越线路。

① 确认客运作业完毕。

站台响铃客运员与检票员确认检票作业完毕，无赶车旅客；与综控室确认上水作业完毕，水管已拔下；与站台其他客运员确认其包保区域旅客乘降、配餐、高铁快件作业完毕；确认自身管辖区域及视线所能及的区域站台安全情况。

站台其他部位客运员："××次，东（西）部客运有关作业完毕。"站台响铃客运员回复："××次，东（西）部客运有关作业完毕，明白。"

综控室得到现场给水作业完毕的通知后，应立即用无线对讲设备向站台响铃客运员报告："××次列车给水作业完毕，"站台响铃客运员回复："××次列车给水作业完毕，站台明白。"

中铁快运人员装卸车完毕后应主动使用对讲设备向站台响铃客运员报告："××次集装件装卸车完毕"，站台响铃客运员回复："××次集装件装卸车完毕，站台明白。"

配餐完毕后，配餐人员应使用对讲设备通知站台响铃客运员，联系用语为："××次配餐作业完毕"，站台响铃客运员回复："××次配餐作业完毕，站台明白。"

② 确认发车条件。

站台响铃客运员确认检票、上水、旅客乘降、配餐、高铁快件作业完毕，将对讲设备调至列车频道："××次××站客运有关作业完毕"后响铃关门（开车前30秒响铃，铃声长10秒）（电铃故障时，由站台响铃客运员吹响口哨代替人工开车铃）。

③ 站台人员送车。

列车启动前，由机后至尾部客运人员依次复诵某次列车准备发车，并认真盯控列车车门及连接处，时刻警惕有人抓车、扒车。

站台工作人员如发现危及人身安全、列车运行安全的突发事件，要及时叫停列车，妥善处置。

5. 送　车

站台上迎送旅客的人员退到安全线以内，工作人员足靠安全线，面向列车，列车尾部经过面前，向列车行驶方向转体面向列车出站方向，列车尾部驶出站台端部后，统一吹哨撤岗。迎送列车时，足靠安全线，不侵入安全线外，面向列车方向目迎目送，以列车进入站台开始，开出站台为止。

6. 清　理

列车开出后，严格按照运输安全防控措施要求，按照"两端清理、中间碰头"制度，落实"一车一清"制度。在巡视清理过程中如发现有人员在站台逗留时，要上前询问并引导出站，做到站台车走人净。

（三）通过动车组联系互控

高铁客运值班员安排客运员负责接送通过列车，保证运行安全。综控室客运员盯控通过列车运行状况，列车通过前及时通报现场。

（1）综控室客运员在通过列车作业人员到达前××分钟，联系相应站台客运员，站台客运员作相应回复。综控室用语："××站台客运员有吗？××次列车××站台即将通过，请做好防护。"站台客运员用语:"××站台客运员明白。"

（2）站台客运员接到综控室信息出务后,在通过车到达时刻前××分钟到达接车岗位,并及时通知综控室客运员作业人员到岗情况。站台客运员用语:"综控室有吗？××点××分,××站台通过动车接车人员已到岗。"综控室用语:"综控室明白。"综控室客运员得到站台接车人员到岗后,对相应站台进行"动车组即将进站"专题广播。

（3）通过车进站时,站台客运员及时联系综控室告知动车组进站。站台客运员用语:"综控室有吗？××次列车××站台进站。"综控室用语:"××列车××站台进站,综控室明白。"综控室客运员对相应站台进行"动车组进站"专题广播。

（4）通过车通过后,站台客运员及时联系综控室告知动车组通过。站台客运员用语:"综控室有吗？××次列车××站台通过。"综控室用语:"××列车××站台通过,综控室明白。"

（5）如站台客运员在通过列车运行图图定时刻前××分钟未接到综控室通知,应及时与综控室做好联系互控,询问通过列车情况,同时综控室应立即确认通过列车时刻,通报站台客运员。

五、动车组列车给水、吸污作业

给水站根据给水方案配备给水人员,防护用具齐全,按指定线路提前到指定位置接送车,有人防护,同去同回。

按规定程序及时上水,始发列车辆辆满水,中途站按给水方案补水,有注水口的挡板锁闭,水管回卷到位(管头插入上水井内)。吸污站按规定进行吸污作业,保持作业清洁。作业完毕,向站台客运人员报告。

动车上水员携带上水钥匙、无线对讲设备、音视频记录仪,夜间及恶劣天气还需佩戴功能良好的警示肩灯上岗。

任务实施

1. 任务准备

（1）设备准备：自助检票机、半自助检票机、手持检票设备、模拟站台、模拟动车组、对讲设备、音视频记录仪、实训室、专业训练服（可着正装）。

（2）实训资料准备：相关旅客身份证件、检票和站台客运作业指导书、实训任务单、教材等。

（3）情景准备：实训前各小组查阅、收集资料,选择旅客进站检票、旅客站台乘降车等情景,情景中包括高速铁路车站客运服务人员、旅客。

（4）人员准备：实训分小组进行,每组6~8人,每小组做好人员分工。

2. 实施步骤

（1）组织旅客自助检票。

（2）为旅客办理人工检票。

（3）组织旅客站台乘车。

（4）站台与检票作业互相联系。

（5）组内互查,教师总结并评分、评价。

3. 任务单

训练名称	高速铁路检票乘车作业训练		
班　级		姓　名	

1. 组织持有自动识读证件旅客自助检票。

2. 使用半自助检票机为旅客检票。

3. 使用手持检票设备为旅客检票。

4. 组织旅客站台乘降车。

任务总结：

4. 效果评价

	项目	A-优	B-良	C-中	D-及格	E-不及格	综合
小组评价	自助检票（15%）						
	人工检票（15%）						
	站台乘车（20%）						
	团队合作（10%）						
教师评价	检票乘车（20%）						
	任务单（20%）						
	教师签名						

任务3　旅客出站组织

任务引入

旅客出站组织包括出站检验车票，安全有序引导旅客出站，办理无票、携带品超重超限超范围旅客的补票补款和各种违章乘车处理，严禁无票和站外人员穿行车站等。

请思考：如何规范出站服务作业？

相关知识

一、出站通道区

出站通道为旅客提供出站信息服务，引导旅客正确有序地出站。出站通道标识准确告知旅客站台编号、出站口、无障碍电梯等位置，应根据旅客流线和通道结构设置相关的导向标识，以及必要的警示标识。出站通道如图2-3-1所示。

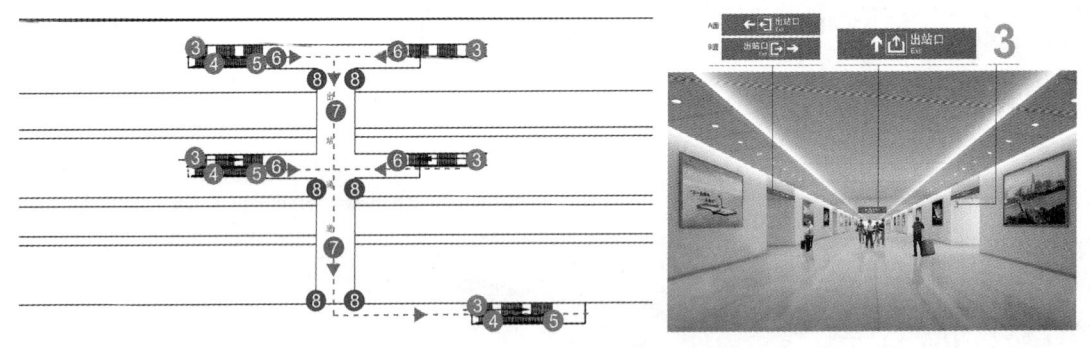

③—小心台阶；④—电扶梯警示标识；⑤—禁止停留；⑥⑦—出站口指引；⑧—站台编号。

图2-3-1　出站通道示意

二、电梯监护服务

电梯正常启用，作用良好。安全标志醒目，遇故障、维修时有停止使用等提示，操作人员持证上岗（仅操作停止、启动、调整方向的除外）。

（一）电梯标识

1. 无障碍电梯标识

无障碍电梯标识设置在无障碍电梯进出口处，原则上横向与电梯门同宽，电梯内须设置"乘梯须知"，底色采用黄色和透明白色，用于提示旅客正确使用无障碍电梯，如图2-3-2所示。

图 2-3-2　无障碍电梯标识

2. 自动电扶梯标识

自动电扶梯警示标识设置在电扶梯入口和侧面，用于提示旅客正确使用扶梯，内容包括"请站稳扶好""乘梯须知""紧急停止按钮""当心碰头"，如图 2-3-3 所示。

图 2-3-3　电扶梯标识

（二）使用自动扶梯注意事项

（1）儿童和老弱病残人员应由有行为能力的成年人一手拉紧或搀扶搭乘，婴幼儿应由成年人抱住搭乘，成年人也应用手扶握扶手带，以免发生意外事故。依靠拐杖、助行架、轮椅行走的乘客应去搭乘无障碍电梯。

（2）切忌将头部、肢体伸出扶手装置以外，以防受到障碍物、天花板、相邻的自动扶梯或倾斜式自动人行道的撞击，并造成人身伤害事故。

（3）禁止将拐杖、雨伞尖端或高跟鞋尖跟等尖利硬物插入梯级边缘的缝隙中或梯级踏板的凹槽中，以免损坏梯级或梳齿板，并造成人身意外事故。

（4）勿沿扶手带运行的反方向故意用力回拉扶手带企图阻止其运行；勿让手指、衣物接触两侧扶手带以下的部件；勿用手翻抠扶手带的下缘。

（5）禁止儿童攀爬于扶手带或内盖板上搭乘，禁止将扶手带或内、外盖板当作滑梯玩耍，以防发生人员擦伤、夹伤或坠落事故。

（6）禁止在运动的梯级上蹦跳、嬉戏、奔跑。

（7）禁止沿梯级运行的反方向行走与跑动，以免影响他人使用或跌倒。禁止倚靠扶手侧立，以防衣物挂拽或损坏扶手装置。

（8）禁止在梯级上丢弃烟蒂，以防发生火灾；勿在梯级上丢弃果核、瓶盖、雪糕棒、口香糖、商品包装等杂物，以防损坏梳齿板；乘客勿脚穿鞋底沾有水、油等易使人滑倒的鞋子搭乘。

（9）自动扶梯或自动人行道运行时梳齿板是较为危险的部位，乘客应尽量避免手、身体、鞋子、衣裙、物品、尖利硬物触及此处，以免发生危险。

（10）禁止用手或其他异物触及扶手带入口处，以防卷入；禁止儿童在扶手带转向端附近玩耍、嬉戏，以防头部、手臂或身体被扶手带和地板之间夹住。

（11）发生意外紧急情况（例如乘客摔倒或手指、鞋跟被夹住）时，应立即呼叫位于梯级出入口处的乘客或值班人员立即按动紧急停止按钮，停止自动扶梯运行，以免造成更大伤害。

（三）扶梯监护客运员班中作业内容

扶梯监护客运员携带功能良好的无线对讲设备，音视频记录仪。

1. 到　岗

按固定径路在岗位上交接，按规定使用客运音视频记录仪对作业全过程进行摄录。

2. 作　业

发生旅客摔倒、箱包滚落、扶梯反转逆行等伤害情况，须立即按动急停按钮，使扶梯停止运行。应急处理完毕并经电梯维保人员检查确认无误后方可开梯运行。切忌扶梯上仍有旅客时开梯。

（1）引导老幼病残孕重点旅客、乘坐轮椅、婴儿车旅客乘坐无障碍电梯。

（2）对携带超重超大行李旅客，做好安全乘梯宣传。

（3）及时制止旅客逆行行为。

（4）客流高峰时段加强宣传疏导，避免旅客在扶梯口积压。旅客进、出扶梯疏导，防止通道堵塞。

（5）发生电梯故障及时通知值班室报修，电梯修复后及时通知值班室。

3. 巡　查

（1）按照"网格化管理"的要求对特种设备及信息设备运行状态进行检查。

（2）每日开启电梯或班组间交接班时，要进行试运行和检查确认电梯处于正常工作状态。

扶梯岗位作业如图 2-3-4 所示。

图 2-3-4　扶梯岗位作业

三、出站检票作业

车站对出站的旅客和人员应当检票。

电子客票自助出站

（一）出站区

出站区标识为旅客提供出站信息服务，引导旅客快速出站。出站区标识应准确告知旅客出站口、补票处、卫生间等位置，同时应根据旅客流线和站房结构设置相关的导向标识，以及必要的服务和警示类标识。出站区如图 2-3-5 所示。

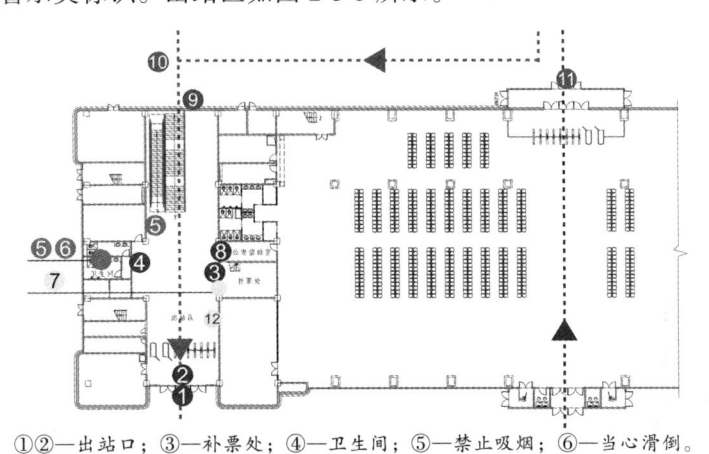

①②—出站口；③—补票处；④—卫生间；⑤—禁止吸烟；⑥—当心滑倒。

图 2-3-5　出站区示意

（二）出站口客运员班中作业

出站口客运员携带功能良好的音视频记录仪上岗，设备备品定置摆放，打扫休息室卫生。检查显示设备、出站检票机、消防设施、电扶梯、休息室空调等设备是否作用良好。交接到达列车的运行情况、晚点列车及预计晚点的时分、出站口备品交接、到站补票室设备备品、票据、钱款的使用情况。

（1）认真落实检票机核验制度，查看电子客票是否有效。做好列车移交失信人员的补票工作及证据留存。客运员负责检票机和中铁银通卡出站的盯控。到站补票处人员负责到站补票工作。旅客出站后，及时关闭检票口。

（2）列车密集到达高峰时间段，加强宣传疏导，必要时增加手持检票设备共同验票，做到服务标准，秩序良好，迅速组织出站。

（3）发现无票、越席乘车、减价不符、携带品超重、超大等违章行为，及时引导至补票处办理补票手续。

（4）引导持可自动识读证件的旅客、银通卡、同城卡或持铁路12306移动端生成的动态二维码的旅客，通过自助出站检票机办理出站手续。引导使用其他证件购买铁路电子客票的旅客，凭购票时所使用的乘车人有效身份证件原件，通过人工出站口半自助检票机输入证件号码（或识读行程信息提示单）后完成出站验票手续。引导持铁路乘车证的人员经人工口核验后出站。引导经过核验的持残军票、学生票旅客通过检票机自助出站。

（5）对持电子客票乘坐列车丢失证件且未补票的旅客，为其办理补票手续。

（6）对丢失证件要求返回寻找的旅客，通知站台客运人员，防止旅客错上站台，发生人身安全问题。

（7）收回"爱心送站卡"。

（8）计次票旅客持购买产品时所使用的有效身份证件原件通过检票闸机或人工检票口检票出站。非产品指定乘车站出站时，按规定补收实际所乘区间票款。持产品乘车时已检票的，视情况恢复产品使用次数。旅客在产品指定发到站出站时，如没有席位预约记录、进站检票记录或列车补填的电子乘车记录之一的，按规定进行补票。

四、丢失乘车凭证的处理

旅客购买车票后，丢失购票身份证件的，按以下方式处理。

（1）旅客在乘车前丢失证件的，应办理临时身份证明，凭临时身份证明进出站乘车。

（2）旅客在列车上、出站前丢失证件的，须先办理补票手续，凭后补车票检票出站。在列车上办理时，列车核验席位使用正常的，开具客运记录；在车站办理时，车站核验车票无出站检票记录的，开具客运记录。旅客应在乘车日期之日起30日以内，凭该有效身份证件发证机构办理的临时身份证明和后补车票(如开具纸质客运记录，还应携带纸质客运记录)，到列车的经停站退票窗口办理后补车票与原票乘车区间一致部分的退票手续。办理退票手续时，如核查丢失证件所购原票有出站记录的，后补车票不予退票；无出站记录的，办理退票时，不收退票费。

五、不符合乘车条件的处理

（一）加收票款

有下列行为时，铁路运输企业按规定补票，并加收已乘区间应补票价 50%的票款。

（1）无票乘车且未主动补票时，补收自乘车站（不能判明时自始发站）起至到站止的车票票款。

（2）持用变造、伪造或涂改的乘车凭证乘车时，除按无票处理外并送交公安部门处理。

（3）票、证、人不一致的，按无票处理。

（4）持用低票价席别车票乘坐高票价席别时，补收所乘区间的票价差额。

（5）旅客持优惠票、优待票没有规定的减价凭证或不符合减价条件时，按照全价票价补收票价差额。

（二）补收票款

有下列情况时应当补收票款。

（1）应购买儿童优惠票而未买票的儿童，补收儿童优惠票票款。

（2）应购买全价票而购买儿童优惠票乘车的未成年人，应补收儿童优惠票票价与全价票价的差额。

（3）主动补票或者经站、车同意上车补票的。

到站补票后可在 180 天内前往任一车站窗口、自助票务终端领取报销凭证。无票乘车到站补票报销凭证票样如图 2-3-6 所示。

图 2-3-6　无票乘车到站补票报销凭证票样

六、旅客违规携带的物品处理

（1）在车内或下车站，对超过免费重量的物品，其超重部分应自上车站至下车站补收行李运费。对不可分拆的整件超重、超大物品、活动物，按该件全部重量补收上车站至下车站行李运费。

（2）发现危险品或禁止、限制运输的物品，妨碍公共卫生的物品，损坏或污染车辆的物品，按该件全部重量补收上车站至下车站加倍补收行李运费。危险品交前方停车站处理；涉嫌违法犯罪的送交公安部门处理。对有必要就地销毁的危险品应按有关规定处理。

（3）如旅客超重、超大的物品价值低于运费时，可按物品价值的50%核收运费。

（4）补收运费时，不得超过本次列车的始发站和终到站。不能判明上车站时，自始发站起计算。

七、拒绝运输和运输合同的终止

对无票乘车而又拒绝补票的人，列车长可责令其下车并应编制客运记录交前方三等以上车站或县、市所在地车站处理（其到站近于上述车站时应交到站处理）。车站对列车移交或本站发现的上述人员应追补应收和加收的票款。

对下列旅客，站、车均可拒绝其进站、上车或责令其下车；对责令其下车的，其未使用至到站的票款不予退还，运输合同即行终止。

（1）拒不支付按铁路运输企业相关规定应补票款和加收票款的。

（2）不接受安全检查的，坚持携带或者夹带禁止、限制物品的。

（3）不接受车票实名制查验的。

（4）在站、车内寻衅滋事、扰乱公共秩序，患有烈性传染病、严重精神障碍和醉酒等有可能危及列车安全或者其他旅客以及铁路站车工作人员人身安全的。

（5）国家规定的其他情况。

八、到站电子化补票

到站补票处使用电脑终端和移动终端补票，票款支付支持现金支付和第三方电子支付两种方式，移动终端电子支付收款方式与电脑终端保持一致。电脑终端与移动终端均通过到站补票管理程序完成结账操作，补票存根均以后台记录为准。

（一）到站补票设备组成与管理

1. 到站补票设备组成

到站补票设备包括管理电脑、打印机、窗口补票电脑、证件识读设备、扫码设备、凭条打印设备、对讲设备、移动补票设备（既有移动检票设备，可选蓝牙证件识读）。到站电脑终端补票设备如图2-3-7所示。

图2-3-7 到站电脑终端补票设备

2. 到站补票设备管理

设备管理依据客票系统窗口定义,列出补票窗口,管理人员将设备信息与窗口进行绑定后,补票设备可正常登录补票。工号管理用于移动补票设备双重身份验证,密码可于登录后修改。

3. 票据管理

依据收入管理规章要求,按照补票终端(窗口)设置电子客票票据账,掌握电子客票动态,保持连续性,不得间断和篡改,出现间断时及时登账和处理。

每台补票终端根据单位固定代码、设备码和票符票号组成,是一组顺序累加的唯一电子票号,票符采用英文大写字母,依序循环使用(字母"O"和"I"除外)。

电子票号组成如图 2-3-8 所示。

```
A000001  →  PBJP1000149033A000001000L
票符位 票号位    局码 站代码 售票处号 窗口号 票符 票号位 预留 补票渠道
```

图 2-3-8　电子票号组成

电子票据管理业务流程如下。
(1)定义补票窗口、绑定硬件信息,初始化票据库。
(2)电子票据发放。
(3)补票终端获取本窗口领收票据信息,获取失败则禁止补票。
(4)补票时校验电子票号,更新窗口电子票据信息,失败则禁止补票。
(5)补票终端结账,管理终端进行电子票据核验,出现异常及时登账处理。

(二)移动到站补票设备操作

1. 初始化登录

在补票终端获取设备号,工作人员选择路局、中心,系统初始化。输入工号、密码,选择班次,登录补票应用,如图 2-3-9 所示。

图 2-3-9　补票终端初始化登录

2. 补票操作

进入补票功能，读取证件查询购票记录进行补票。查询到旅客所购车票与实际乘坐不符时，选择相应购票记录进行补票。正常补票和补差价界面如图 2-3-10 所示。

图 2-3-10　正常补票和补差价界面

3. 数据补传

工作人员根据应用程序界面提示输入信息，完成补票操作，订单数据、补票存根等信息在终端存储并上传，如上传失败，进入查询界面进行手工补传。

4. 车补"行程信息提示"查验

列车移动补票数据未能及时上传，无法读取证件检票出站时，可通过扫描列车补票"行程信息提示"中二维码解析补票信息，核对旅客证件验证出站。车补"行程信息提示"如图 2-3-11 所示。

图 2-3-11　车补"行程信息提示"

（三）到站窗口补票操作

1. 根据证件查询购票记录

放置身份证，点击"读身份证查询"，或点击"其他证件查询"，输入完整信息。姓名和免票号可根据身份证号查询获取。

2. 选择原票加入待补车票

双击选择需补票的购票记录，加入待补票栏，越站按无票处理。

3. 输入车次、选择补票项

输入补票车次，选择发站，席别，票种，记事，形成补票结果信息，等待支付。

4. 选择支付方式

点击补票结果中支付按钮，在支付界面输入旅客手机号，用于接收短信通知，选择支付方式。选择扫码支付时，在旅客扫码成功后补票完成，选择现金时核对票款。

5. 上传电子票数据

支付完成后记录补票存根、上传电子票数据。

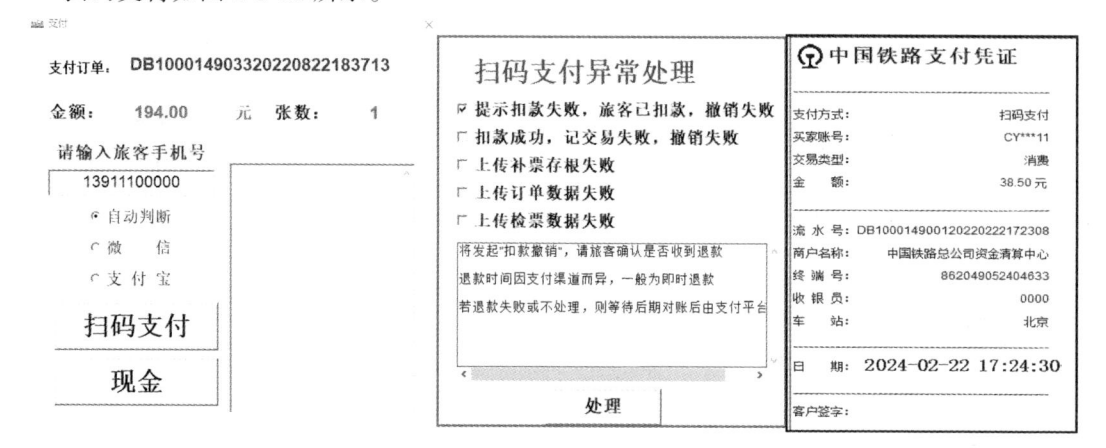

扫码支付如图 2-3-12 所示。

图 2-3-12 扫码支付

任务实施

1. 任务准备

（1）设备准备：扶梯、自助检票机、半自助检票机、手持检票设备、对讲设备、音视频记录仪、模拟到站补票设备，实训室，专业训练服（可着正装）。

（2）实训资料准备：旅客身份证件、相关客运票据、客运岗位作业指导书、实训任务单、教材等。

（3）情景准备：实训前各小组查阅、收集资料，选择扶梯监控、出站检票、到站补票等情景，情景中包括高速铁路车站客运服务人员、旅客。

（4）人员准备：实训分小组进行，每组 6~8 人，每小组做好人员分工。

2. 实施步骤

（1）扶梯监控。

（2）组织旅客自助办理出站。

（3）人工办理旅客出站。

（4）处理违章乘车

（5）组内互查，教师总结并评分、评价。

3. 任务单

训练名称	高速铁路出站作业训练		
班　级		姓　名	

1. 引导旅客安全乘坐扶梯。

2. 引导旅客通过自助出站检票机办理出站手续。

3. 通过半自助检票机完成出站验票手续。

4. 为需要的旅客办理补票手续。

任务总结：

4. 效果评价

	项目	A-优	B-良	C-中	D-及格	E-不及格	综合
小组评价	自助出站（15%）						
	人工出站（15%）						
	违章处理（20%）						
	团队合作（10%）						
教师评价	出站作业（20%）						
	任务单（20%）						
	教师签名						

任务 4　站车交接作业

任务引入

站车交接是指车站与列车发生相互交接旅客或物品时，应履行的手续和办理的作业。列车在车站停靠时，高铁车站客运值班员（客运员）应在规定的位置与动车组列车长办理业务交接。

请思考：如何规范做好站车交接工作？

相关知识

站车交接包括重点旅客、遗失品、旅客伤害等事项的交接。

一、站车交接位置

列车到站前，车站客运值班员应提前到达站台办理站车交接，短编组动车组列车在 4、5 号车厢之间；长编组动车组列车在 8、9 号车厢之间；重联动车组列车在列车运行方向前组 7、8 号车厢之间。

在办理站车交接作业时，由交方出具客运记录，记明事件的过程、交办的内容及应证明的情况等。接方应核实情况后，在客运记录上签章（一份返交方，一份自己留用），接收。

二、重点旅客交接

重点旅客是指老、幼、病、残、孕旅客。特殊重点旅客是指依靠辅助器具才能行动等需特殊照顾的重点旅客。

（一）特殊重点旅客站、车交接作业流程

（1）填写"特殊重点旅客服务交接簿"，包含旅客乘车日期、姓名、车次、发站、到站、车厢席位、到达日期、类别、服务人、服务内容等。"特殊重点旅客服务交接簿"如图 2-4-1 所示。

编号：
特殊重点旅客服务交接簿

局别：　　　　　　　　　　　　　　　　　　填表单位：

旅客服务信息										签字		
日期	姓名	车次	发站	到站	车厢席位	到达日期	类别	服务人	服务内容	发站客运值班员	列车长	到达客运值班员

制表说明：
1、本表供站车交接用。
2、"类别"栏为老、幼、病、残、孕五类。
3、"服务人"栏为提供具体服务的车站客运员姓名。
4、"服务内容"栏，车站指优先售票、优先进站、送车、接站，须注明是否提供轮椅、担架等辅助器具。
5、"签字"栏由车站值班员、列车长签名。
6、填写时，一式三份，发站交接时，一份自存，两份交列车；到站交接时，一份列车保存，一份到站保存。
　按编号顺序装订、保管，原始表格保留一年。

图 2-4-1　特殊重点旅客服务交接簿

（2）发站客运值班员与列车长在指定位置办理交接。

（3）开车后，发站客运值班员通知到站客运值班员做好接车准备，通知内容包括旅客到站时间、车次、车厢、座席、服务内容等。

（4）列车对车站移交或车内发现的特殊重点旅客要进行重点照顾。

（5）到站时列车与车站办理交接。

（6）到达客运员负责送特殊重点旅客出站。

（二）特殊重点旅客站、车交接注意事项

（1）"特殊重点旅客服务交接簿"填记要完整，字迹要清晰。

（2）辅助器具（如轮椅、担架）使用前要做好安全检查，保证正常使用。

（3）对特殊重点旅客重点照顾，避免旅客因照顾不当而发生伤害。

（4）及时和有关站车联系，确保工作的连续性。

（5）做好相关资料的收集、上报工作。

（三）旅客突发疾病交接

旅客突发疾病是指旅客在旅行中，在车站、列车内突发疾病，铁路客运人员应积极采取救助措施，按照规定办理站车交接工作。

（1）旅客在列车上发生急病时，列车员要立即向列车长报告，列车长采取必要措施组织抢救。

（2）在抢救病人的同时，要尽快了解旅客姓名、单位、住址、同行人、联系人等，列车长要仔细了解旅客发病的原因和过程，记录有关情况，同时寻找旅客携带品。

（3）列车长编制客运记录，做好旁证材料的收集工作。客运记录要求实事求是，文字表述清楚明确，有利于进一步抢救处理。

（4）病情严重的旅客，移交车站时，应通过客服调度员通知接收站，提前做好各项准备工作，确保列车正点和及时抢救旅客。

（5）车站接到通知后，要积极做好准备，及时联系就近医院救护车，提前到站台准备抢救。

（6）车站在接收发生急病的旅客后，应迅速与列车办理交接手续，组织立即送医抢救。

旅客突发疾病交接客运记录如图2-4-2所示。

三、旅客遗失物品交接

发现旅客遗失物品应积极寻找失主。如旅客已经下车，应编制客运记录，注明品名、件数等移交下车站。不能判明时，移交列车前方站或终到站。

（1）铁路部门应严格执行旅客遗失物品的转交保管和交接制度。对于列车发现的旅客遗失物品，动车组列车长与客运值班员办理站、车交接。

（2）遗失物品向查找站转送时，应内附清单，物品加封。交接时应逐一核对，确认无误。

（3）对危险品、国家禁止或限制运输的物品、机要文件、鲜活易腐物品和食品不办理转送。

（4）客运记录应对遗失物品名称、件数、外观颜色等详细记载。交接时应逐一核对，确认无误。

旅客遗失物品交接客运记录如图2-4-3所示。

图 2-4-2　旅客突发疾病交接客运记录　　　图 2-4-3　旅客遗失物品交接客运记录

四、误乘、误降的处理

发生误乘、误降时，旅客应向站车工作人员提出。列车长应编制客运记录交前方停车站；车站对本站发现或列车移交的误乘、误降旅客，应指定最近列车免费送回车票到站或原票乘车站。如误乘旅客提出乘坐本趟列车直接去原票到站时，所乘列车票价高于原票价时，核收票价差额；所乘列车票价低于原票价时，票价差额部分不予退还。

在免费送回区间，旅客不得中途下车。如中途下车，对往返乘车的免费区间，按返程所乘列车等级分别核收往返区间的票款。免费送回区间，旅客应按照铁路运输企业指定的席别乘坐，旅客如提出乘坐高票价席别时，应重新支付高票价席别票款。

任务实施

1. 任务准备

（1）设备准备：模拟站台、动车组列车、旅客遗失物品、高铁快件、实训室，专业训练服（可着正装）。

（2）实训资料准备：相关客运票据、相关作业指导书、实训任务单、教材等。

（3）情景准备：实训前各小组查阅、收集资料，选择高速铁路站车交接等情景，情景中包括高速铁路客运服务人员、重点旅客。

（4）人员准备：实训分小组进行，每组6~8人，每小组做好人员分工。

2. 实施步骤

（1）办理重点旅客站车交接。

（2）办理旅客遗失物品站车交接。

（3）办理病伤旅客站车交接。

（4）组内互查，教师总结并评分、评价。

3. 任务单

训练名称	高速铁路站车交接作业训练		
班　级		姓　名	
1. 办理特殊重点旅客站车交接。			
2. 办理突发疾病旅客车站交接。			
3. 办理旅客遗失物品站车交接。			
4. 编制相关客运记录。			
任务总结：			

4. 效果评价

	项目	A-优	B-良	C-中	D-及格	E-不及格	综合
小组评价	重点旅客交接（15%）						
	遗失物品交接（20%）						
	病伤旅客交接（15%）						
	团队合作（10%）						
教师评价	站车交接（20%）						
	任务单（20%）						
	教师签名						

复习思考题

1. 高速铁路客运站有哪些流线？
2. 旅客免费携带物品的重量和体积是如何规定的？
3. 旅客禁止携带哪些物品上车？
4. 为方便旅客的旅行生活，旅客可以限量携带哪些物品上车？
5. 简述检票口客运员作业内容。
6. 简述站台客运员作业内容。
7. 简述出站口客运员作业内容。

项目三 复兴号智能动车组列车客运乘务作业

项目描述

高速铁路客运乘务工作是指在动车组列车上组织、服务旅客的工作。本项目主要介绍动车组列车乘务组人员配备及岗位职责、复兴号智能动车组列车车内设备设施、"复兴号"智能动车组客运乘务作业的相关知识。

学习目标

1. 素质目标

通过学习复兴号智能动车组列车客运乘务作业内容及要求，弘扬劳模精神、劳动精神，为旅客营造温馨舒适的旅行环境。强化动车组列车客运乘务岗位职责，具有严谨、认真、细致的工作态度和精益求精、踏实肯干的敬业态度。

2. 能力目标

能够熟知本岗位作业程序和作业标准。熟知值乘列车的站顺、到开时刻、停靠站台、主要换乘站接续列车的车次、方向和到开时刻。熟知车门管理和乘降组织要求，确保安全正点。能整理行李架上的行李物品，备品定置定位。

3. 知识目标

掌握动车组列车客运乘务工作的作业程序和作业标准。

任务1 二等座客运乘务作业

任务引入

复兴号智能动车组列车二等座客运乘务工作要打造复兴号服务品牌，提升复兴号服务质量，强化复兴号乘务管理。

请思考：如何做好复兴号智能动车组列车二等座的客运乘务工作？

相关知识

新版复兴号智能动车组中CR400AF-Z和CR400BF-Z为8辆编组，CR400BF-GZ为8辆编组的高寒车型，CR400AF-BZ、CR400BF-BZ为17辆编组的车型。列车型号代码中，字母"Z"为"智能"的缩写。"-G"和"-B"分别代表"高寒"和"17辆超长编组"。8辆编组的复兴号智能动车组定员为578人，17辆编组的定员为1285人。增设"静音车厢"设置功能，可智能调节列车运行时的内外压力差，减少旅客在列车进出隧道时的不适感。

一、复兴号智能动车组智能服务设施

复兴号智能动车组卫生间设置智能照明,当检测到有人进入后,可自动调整灯光亮度,增加"禁止吸烟"语音提示。列车空调机组温度调节准确,噪声小,车厢安静,旅客体感舒适,可降低能耗10%。车厢顶部设置29英寸宽屏电视,可左右分屏同时显示列车运行和娱乐节目信息。采用基于5G技术的列车Wi-Fi,为旅客提供优质的语音通话和移动网络服务。车厢所有座椅均基于人因工程学进行优化,让旅客乘坐更加舒适。

复兴号智能动车组采用以太网控车、车载安全监测等9项智能运维和监控系统,提升了列车运行、安全监控等方面的智能化水平;通过列车网络和车厢视频的联动,当发生烟火、超员、旅客触发紧急按钮、车门异常等报警时,可通过车厢视频联动报警快速确认和处置故障,降低了故障进一步扩大的风险,提高了列车途中故障处置的效率。

二、动车组列车乘务组人员配备及岗位职责

(一)动车组列车乘务组人员配备

客运乘务组根据交路实际需要采用轮乘制或包乘制。动车组列车乘务组由客运乘务组、随车机械师、司机、公安乘警(不配乘警的列车乘务组须配备专职安全员或兼职安全员)、随车保洁和餐服人员组成,简称"六乘人员"。列车上保洁、餐饮由社会专业公司承担时,其员工视同列车乘务组成员。

(二)动车组列车乘务组岗位职责

1. 客运乘务组的主要职责

客运乘务组承担服务旅客、处理票务、检查列车保洁、餐饮工作质量等工作。当发生影响旅客安全问题时,客运乘务组应当立即采取有效的措施,保护旅客安全。

2. 随车机械师的主要职责

随车机械师应按技术作业过程的规定检查动车组。在列车运行途中,随车机械师应监控动车组设备技术状态,确保车辆设备设施作用良好,正常使用,空调达到规定的温度范围。做好车内巡视,运行途中发生车辆设备设施问题及时检修,无法修复的在上部服务设施记录单注明,对列车长在乘务多功能信息系统中设备故障反馈进行确认,抓好跟踪、问题上报。

3. 随车保洁人员的主要职责

按岗位作业流程及要求进行随车保洁作业,负责列车运行中、折返站的卫生清扫、垃圾收集,保证列车卫生质量。对始发、途中、折返检查发现的列车卫生质量、消耗品配置、备品工具定位情况发现的不达标项进行补强整改。途中加强对厕所、洗脸间等重点部位卫生保洁,按照作业项填记"清扫作业及检查记录单",随时保持车厢环境卫生整洁。特殊情况下,完成列车长布置的临时性任务。

4. 餐服人员的主要职责

餐服人员负责餐饮商品的安全及供应,满足旅客及工作人员的餐饮需求。餐服人员负责

餐吧车区域内卫生保持，负责检查餐吧车餐饮设备作用和安全管理，规范作业流程。结合运用车型配置符合规定数量、规格、功率的厨房电器设备，规范人员操作，餐车营业证照齐全。餐服人员严格执行食品安全管理规定，规范销售行为，明码标价，不捆绑销售商品，提供发票。掌握餐食、商品、VIP旅客赠品的销售使用情况，保证正常供应。保持餐吧车美观整洁，根据各车型统一餐车商品定位摆放，不堵塞通道。售货车内外清洁、定位放置，制动性能良好，有防撞胶条。

5. 公安乘警（辅警/安全员）的职责

公安乘警（辅警/安全员）负责动车组司机室安全，负责维护车内秩序，会同列车长组织列车上危险品检查工作。公安乘警（辅警/安全员）应加强车厢检查，遇影响列车秩序和治安事件时，及时到达现场，进行处置。列车未配备公安乘警的，列车长应组织安全员共同处置。

6. 动车组司机的主要职责

动车组司机执行规章制度，服从调度指挥，履行岗位职责。当动车组在区间被迫停车时，指挥随车机械师、列车长处理有关行车、列车防护和事故救援等工作。当动车组发生故障时，按照规定的程序独立处理或指挥随车机械师共同处理。

三、复兴号智能动车组列车二等座车内设备设施

1. 二等座席

二等座座位把手增设座位号，在二等座椅靠背上增加 USB 充电接口，方便旅客使用手机和充电；加深小桌板杯托凹槽深度，提高水杯放置的稳定性。二等座席如图 3-1-1 所示。

图 3-1-1 二等座席

2. 无障碍车厢

8 辆编组列车在 4 号车厢、17 辆编组列车在 8 号车厢专门设置无障碍车厢，配备宽阔的通过门、无障碍卫生间、轮椅放置区等，在服务设施上增加盲文标识，座椅把手增加盲文标识。无障碍车厢如图 3-1-2 所示。

图 3-1-2 无障碍车厢

3. 餐吧区

列车设置了开放式的餐吧区，厨房设备具备食品的冷藏、冷冻、保温、加热等功能，餐吧车设有自动售卖机，水果、饮料、零食等食品可以通过手机扫码支付的方式购买。

四、二等座乘务员作业内容及质量标准

（一）出乘作业

1. 出乘点名

着装规范，开车前 2 小时到点名室报到，列车长组织班组职工列队统一接受车队干部传达命令，听取当趟重点工作。

2. 开出乘会

携带证件齐全有效，通信设备作用良好，电量充足，佩戴位置统一，听取列车长布置趟重点工作，安全预警，学习业务知识，进行业务知识抽考，关闭手机，签认手机台账，接受列车长测酒。

（二）接车作业

1. 接车准备

开车前 40 分钟到达站台，在站台指定位置列队集合接车；严格落实站台移动机具管理制度，请领消耗品，清点核对数量无误后交接签认，并押运至站台。

2. 安置备品

按规定位置将所负责区域备品定位放置。

3. 检查汇总

对所负责区域内的卫生情况及列车上部服务设施、应急备品进行检查汇总，汇报列车长；检查车底移动机具编号、制动、防撞胶条、状态，确保配置齐全、作用良好。

（三）始发作业

1. 迎接旅客

开车前 20 分钟及时登录站车无线交互系统，掌握车内客流；统一听从指挥，在规定位置立岗，站姿规范；关注重点，优先照顾，主动帮扶引导，负责无障碍车厢乘务员，随时关注轮椅停放处禁止存放其他物品；特殊情况如遇站台距离车门缝隙大、车门与站台存在高度差、站台地面不平等现象，根据站台实际情况，按照列车长安排在车门口立岗；开车前 10 分钟对所负责区域行李架及大件行李存放处进行整理，消除安全隐患。

2. 乘降组织

关注站台情况，组织吸烟旅客、送站旅客尽快上下车；开车前 5 分钟，确认旅客乘降情况；听取列车长对讲机统一指挥，依次汇报旅客乘降（汇报顺序由头车至尾车依次汇报）情况，瞭望确认乘降完毕后使用对讲机汇报；列车关门后在上车处车门位置立岗，行注目礼出

站；关门前播放"关门前提示"，开车后进行列车自动预报广播，播报欢迎词、下一站预报和禁烟宣传。触发文明出行和安全宣传、设备设施介绍、征信宣传广播、铁路旅客温馨提示，遇广播系统故障，采用终端机播放；遇列车中途无法运行需折返等情况，广播宣传"列车折返退差"提示。

（四）途中作业

1. 巡视车厢

按照每半小时一次的频次巡视值乘车厢；检查车门等重要设备设施，整理旅客行李，做到摆放平稳、牢固，妥善放置。衣帽钩仅限挂衣物。巡视车厢，掌握旅客动态，做到全面检查、不漏项；掌握中途及终到客流量及流向，做到重点组织。

2. 重点旅客服务

关注旅客动态。落实首问首诉，解答旅客问询，对旅客不文明乘车及各类违规行为及时劝阻。掌握重点旅客信息，对重点旅客做到"三知三有"（知座席、知到站、知困难，有登记、有服务、有交接），在站车交互系统中进行标注。运行途中为有需求的重点旅客提供送水服务。

3. 去向核实

面向旅客用站车无线交互系统终端机查验车票，落实实名制验票制度；及时掌握负责区域内的客流情况，对学生票、伤残票等特殊票种、乘车证件、减价证件进行核对。对无票、延长变更座席、减价不符及其他需要办理补票的旅客，利用终端机做好登记并汇报列车长。

4. 检查卫生

到站前提示重点旅客，广播通告（内容包括列车前方到站、安全提示）落实一站三报制度；巡视所负责区域，保持车内清洁，垃圾随时收取，每半小时巡视卫生间一次。

5. 车内查票

随同列车长及办公席进行闭环式查票，做到无遗漏。

6. 解答问询

按规定落实首问首诉，解答旅客问询；遇有突发事项，做好现场处置及时汇报列车长。

7. 中途站乘降组织

在规定位置立岗，列车进站时，首尾车乘务员使用对讲机汇报列车停靠站台方向及列车尾部进站情况；关注站台旅客情况有无重点旅客，巡视所负责车厢的车门是否正常开启；落实安全宣传、扶老携幼。组织吸烟及送站旅客尽快上下车。

（五）折返站作业

1. 检查遗失品

确认旅客下车完毕，车内无闲杂人员，并对负责区域内设备、隐蔽部位进行检查，确认无遗留物品及安全隐患，及时汇报列车长。

2. 卫生检查

检查车厢终到卫生，登记脏座椅套，检查垃圾投放情况。检查座椅网袋清理、指南、杂志定位摆放情况，检查卫生纸、擦手纸、清洁袋、纸杯等各种消耗品补充情况；盯控随车保洁做好折返站卫生恢复及消毒作业；折返由随车人员进行卫生恢复及转座椅，做好联劳及盯控。

（六）终到前作业

终到前最后一个运行区间或终到前 30 分钟（长编组 50 分钟），进行终到卫生恢复和备品整理工作；到站前清点备品及消耗品数量，保证齐全完好，确保接班班组正常使用，顺利交接。

（七）退乘作业

1. 到站后作业

到站后和乘服员协作收取头枕片及剩余消耗品；终到入动车所的车底乘务员收取剩余消耗品将软、硬抽纸清点后，押运至库房与库管人员交接核对签认。

2. 移动机具退库

严格落实站台移动机具管理制度。动车所配属车底垃圾车、航空车推送至指定位置，定位放置。

3. 列队退乘

退乘列队整齐；参加退乘会，总结趟工作；签认当趟考核卡；签认手机管理台账。

任务实施

1. 任务准备

（1）设备准备：对讲机、音视频摄录仪、交互系统手持终端、服务备品、仿真复兴号智能动车组二等座车厢、实训室，专业训练服（可着正装）。

（2）实训资料准备：二等座乘务员岗位作业指导书、实训任务单、动车组列车服务质量规范、教材等。

（3）情景准备：实训前各小组查阅、收集资料，选择二等座客运乘务作业情景，情景中包括客运乘务组人员、旅客。

（4）人员准备：实训分小组进行，每组 6～8 人，每小组做好人员分工。

2. 实施步骤

（1）复兴号智能动车组接车作业。

（2）复兴号智能动车组始发作业。

（3）复兴号智能动车组途中作业。

（4）组内互查，教师总结并评分、评价。

3. 任务单

训练名称	复兴号智能动车组二等座客运乘务作业训练		
班　级		姓　名	

1. 始发迎接旅客。

2. 始发旅客乘降组织。

3. 途中巡视车厢。

4. 途中核实旅客去向。

任务总结：

4. 效果评价

	项目	A-优	B-良	C-中	D-及格	E-不及格	综合
小组评价	始发作业（15%）						
	途中作业（15%）						
	折返作业（20%）						
	团队合作（10%）						
教师评价	乘务作业（20%）						
	任务单（20%）						
	教师签名						

任务 2　商务、一等座客运乘务作业

任务引入

商务、一等座客运乘务作业要根据复兴号智能动车组技术装备的新特点、新变化、新标准，执行复兴号乘务作业质量标准。

请思考：如何做好复兴号智能动车组列车商务、一等座的客运乘务工作？

相关知识

一、复兴号智能动车组列车商务座车内设备设施

在 8 辆编组的列车中，商务客室位于头尾车厢，17 辆编组有一节完整的商务车厢。商务客室为 1+1 布置，只有 A 和 F 的座位号。座椅具备坐姿、半躺、平躺三种姿态的自动调节和一键复位功能，搭配柔性臂阅读灯、手机无线充电、降噪耳机、小件物品存放区等设施。商务客室采用座椅交错布置，提高了旅客私密性、便捷性、舒适性。配备了支持手机投屏功能的智能交互终端，可为旅客提供丰富的娱乐节目、运行信息等服务。商务座车内设备设施如图 3-2-1 所示。

图 3-2-1　商务座车内设备设施

二、复兴号智能动车组列车一等座车内设备设施

一等座椅增加可调节头靠、电动腿靠等，将小桌板设置在前排座椅靠背上。一等座车内设备设施如图 3-2-2 所示。

图 3-2-2　一等座车内设备设施

三、商务、一等座乘务员作业内容及质量标准

（一）请领备品

检查配备物品是否齐全，服务备品、赠品包装完好，签字确认。商务赠品领取做好数量清点核对，耳机数量充足，确保性能良好。

（二）接车作业

1. 接车准备

根据车底停靠站台时间，在站台集合后，商务乘务员与配送人员携带备品在商务车厢列队等候。

2. 摆放备品

卫生间、车厢内、座椅靠背袋内服务备品定位摆放。长编动车组备品箱整齐码放在商务车厢最后一排座椅后方空间，高度不超过三层，不挤占走行通道，大不压小、方不压圆、重不压轻，用苫布苫盖；短编动车组备品箱放置在 1、8 车座椅最后一排后，码放高度不影响旅客调整靠背角度。商务座卫生间使用的空气清新设备放在置物台一端，喷香口对准洗手池，其他卫生间衣帽钩悬挂香囊。

智能动车组增加置物袋，棉织类备品放置于置物袋内，接车后将置物袋统一折叠放置于备品柜内。报刊栏内阅读刊物依次顺序摆放，商务小食品靠外侧摆放，靠近旅客座席位置物格内定型一次性耳机、湿毛巾，为减少旅客等候时间，便于旅客及时体验。将一次性拖鞋定型于旅客鞋子存放格内。

3. 检查车容

检查商务车智能交互终端、无线充电设备，确保性能状态良好。结合车内光线，调节车内灯光亮度。商务车通风口全部手动调节开启状态。始发放客前将一等座椅角度恢复初始状态，车厢灯光调试明亮适中，席位显示下方增加氛围灯，让旅客直观找寻席位。

4. 调整端门

旅客放行前，将商务舱感应门（非立岗端）打成手动状态，打开商务舱广播设备，音量适中。商务自动端门为手动外开式，始发放客前乘务员将端门打开后并做好固定。

（三）始发开车作业

1. 迎接旅客

开车前 20 分钟及时登录站车无线交互系统，掌握商务、一等车旅客人数，根据旅客人数准备商务赠品。商务座、一等座乘务员在短编动车组 1、8 车，长编动车组 1、16 车车内面向旅客登乘车门车内立岗。

特殊情况如遇站台距离车门缝隙大、车门与站台存在高度差、站台地面不平等现象，根据站台实际情况，各车厢乘务员按照列车长安排在车门口立岗。结合终端数据掌握商务旅客乘车人数，车门处立岗，引领入座，致简洁欢迎词，介绍智能交互终端操作方法。

2. 饮食服务

将饮品放在托盘上为旅客服务发放饮食品，提供饮品时，要做好安全提示。智能动车组因商务座椅升级为半包围式座椅，要感知旅客需求，注重服务细节。智能动车组一等座可为旅客适当调节小桌板的位置，前排旅客多角度调节座椅靠背也不会造成后排旅客水杯倾倒。

3. 报刊服务

商务车乘务员主动询问旅客需求，由旅客自行选择。

4. 防寒毯服务

商务车乘务员要征询每名旅客是否需要防寒毯，需要时应及时提供；提供前，应检查防寒毯包装封口是否完好，提供时，应在旅客面前拆封。智能动车组给予旅客温馨舒适环境，减少旅客干扰，将防寒毯提前放置在前排座椅下方置物盒上，已消毒标识统一朝向旅客。

5. 其他服务

服务完毕后，退出商务车厢，将商务舱感应门（非立岗端）恢复成自动状态，如有旅客休息，先关闭遮光帘、照明灯，再退出，将商务舱广播音量调至静音，及时调节风量，确保车内温度适宜。

智能动车组商务舱服务完毕手动关闭车厢端门，调制车内灯光色调，如有旅客休息手动关闭旅客上方出风口。

（四）途中作业

1. 保持车内环境

确保车内环境卫生整洁，用托盘收取垃圾。卫生间一客一清，加强卫生巡视。确保干净整洁，消耗品补充及时。

2. 适需服务

落实首问首诉制度，解答询问准确，处理问题及时，提示旅客手机等物品不要放置在座椅扶手周围，避免物品掉落在商务座椅缝隙内。按需为旅客提供防寒毯、眼罩、耳机、耳塞、免费读物等服务备品，有需求有服务，无需求不干扰。按需为旅客添加饮品。特殊重点旅客做到重点关注，优先照顾。

3. 登记用餐（商务）

列车始发时，登记旅客用餐需求，将用餐时间、种类、数量报餐服长。商务乘务员使用终端机备注餐时、品种并及时上传信息。

4. 赠餐准备（商务）

按旅客预约用餐时间提前 10 分钟与餐服长核对赠餐准备情况（其他车厢乘务人员也可通过终端机协助查看餐食品种），确保按时供应。

5. 提供赠餐（商务）

按照旅客用餐时间，由餐服员送至商务车，由商务车乘务员进行服务。遇有少数民族旅客对餐食品类有特殊需求时，可用清真类食品替代。旅客用餐完毕，及时将餐盘、餐具收回。

商务车观察旅客状态，做好开餐提示，协助旅客打开小桌板。按照餐食、餐具、热汤顺序依次摆放在托盘上，按时送餐到座。用餐完毕后及时收取餐盘，闭合小桌板。

（五）中途站作业

1. 提示到站

到站前 10 分钟口头轻声逐个提示下车旅客做好下车准备。遇有重点旅客或熟睡旅客提前做好唤醒服务，提示旅客带好行李物品。便捷换乘站准确掌握便捷换乘车厢，提示中转换乘旅客换乘地点。对行动不便重点旅客做好帮扶。根据旅客需求，使用站车无线交互系统预约接站服务，让旅客感受专人接站、专属通道、出站便捷的服务。

2. 坐席恢复

将空余座席卫生、座椅角度、靠背袋恢复到位。商务车使用托盘收取杂物，收取拖鞋、防寒毯。商务车头枕片落实"一客一换"。

（六）终到站作业

1. 到站前作业

商务车到站前15分钟使用托盘收取杂物，收取拖鞋、防寒毯。商务车到站前15分钟，提示旅客到站时间、个人物品、下车位置。询问重点旅客需求，帮扶重点旅客提拿行李，提前到车门附近等候。

2. 到站后作业

到站后在车门口立岗，使用规范用语，送别下车旅客。全面巡视车厢，确认旅客上下完毕，检查有无遗失物品。

（七）退乘作业

1. 赠品退库

服务备品、赠品清点装箱；押运赠品退库与库管员或交接人员交接签认。

2. 列队退乘

退乘列队整齐。参加退乘会，总结趟工作。签认当趟考核卡。签认手机管理台账。

任务实施

1. 任务准备

（1）设备准备：对讲机、音视频摄录仪、交互系统手持终端、服务备品、仿真复兴号智能动车组商务座、一等座车厢、实训室，专业训练服（可着正装）。

（2）实训资料准备：岗位作业指导书、实训任务单、动车组列车服务质量规范、教材等。

（3）情景准备：实训前各小组查阅、收集资料，选择复兴号智能动车组列车商务座、一等座客运乘务作业情景，情景中包括商务座、一等座乘务员等客运乘务组人员、旅客。

（4）人员准备：实训分小组进行，每组6~8人，每小组做好人员分工。

2. 实施步骤

（1）复兴号智能动车组列车商务座乘务作业。

（2）复兴号智能动车组列车商务座备品定位服务。

（3）复兴号智能动车组列车一等座乘务作业。

（4）组内互查，教师总结并评分、评价。

3. 任务单

训练名称	复兴号智能动车组商务座、一等座客运乘务作业训练		
班　级		姓　名	

1. 复兴号智能动车组商务座接车作业。

2. 复兴号智能动车组商务座始发作业。

3. 复兴号智能动车组商务座途中作业。

4. 复兴号智能动车组一等座客运乘务作业。

任务总结：

4. 效果评价

	项目	A-优	B-良	C-中	D-及格	E-不及格	综合
小组评价	商务座（20%）						
	一等座（15%）						
	备品服务（15%）						
	团队合作（10%）						
教师评价	乘务作业（20%）						
	任务单（20%）						
	教师签名						

任务3 列车长客运乘务作业

任务引入

复兴号智能动车组列车客运乘务作业要打造复兴号服务品牌，提升复兴号服务质量，强化复兴号乘务管理，根据复兴号智能动车组技术装备的新特点、新变化、新标准，执行复兴号乘务作业质量标准。

请思考：如何做好复兴号智能动车组列车客运乘务组织工作？

相关知识

一、出乘作业

1. 接受命令

始发前2小时到点名室，接受命令传达，听取重点工作，核对考勤情况。异地出乘班组不晚于开车前一小时电话向段安全生产调度指挥中心及车队值班干部汇报出乘情况。

2. 制定计划

制定班组趟工作重点，趟工作重点按照上级工作要求，结合近期工作重点、上级安全预警信息，有针对性制定工作计划、安全预想。客运管理信息系统登记出乘。按要求填写或录入《乘务工作日志》，填写规范、准确。

3. 开出乘会

检查乘务员人容着装，检查红十字救护证、电子上岗证、健康证等证件，齐全有效。布置趟重点工作，安全预警。趟重点符合当前重点工作要求，能够结合本趟实际，调度命令传达清楚，上级安全预警确保传达到位。组织职工学习业务知识，进行业务知识抽考。收取手机,填写《手机管理台账》。

4. 检查备品

检查车门钥匙、备品柜钥匙、站车无线交互系统、对讲机、耳机、反恐防暴备品、客运音视频记录仪、应急备品、医药箱。做到数量齐全,电量充足,作用良好。

5. 请领票据

到票据室领取票据,移动补票机,票剪、卷尺、备用金、票据请领齐全。填写票据进款交接簿和"列车取存票据登记簿",打开补票机核对日期、时间,票据存根。列车长使用手机分别扫描微信、支付宝二维码,绑定两台补票机。逢节假日、周末增加携带票据数量。

二、接车作业

1. 联控开门

车底进入站台,列车进站停稳后使用对讲机通知本务司机打开全列车门。

2. 核对信息

与司机、随车机械师核对姓名、时间及 GSM-R 通信设备号码,确认通话设备正常,核对后调至规定频道守候。

3. 存储票据

票据、补票机存入保险柜,乱码锁闭。

4. 设备检查

组织乘务员按照分工对列车上服务设施、应急备品进行巡检,汇总巡检发现问题与随车机械师办理始发设备检查交接。列车长确认乘务员对车底移动机具状态检查情况(车底自带垃圾车、航空车)。列车长检查反恐备品情况,与乘(辅)警交接反恐防暴器材(防割手套、束缚带、警用伸缩棍、安检仪),如乘警自带则不需要与其交接,按照车型定位放置。与随车机械师、乘(辅)警就本趟重点工作进行对接。通过乘务室内智能显示屏检查列车车次、广播、空调、视频等设备作用良好。乘务员室如图 3-3-1 所示。

图 3-3-1 乘务员室

5. 卫生检查

列车长依据出库卫生质量标准,组织对出库列车基础卫生清洁工作、头枕片、座套、网袋清理情况、服务指南、杂志、清洁袋定位摆放情况、卫生间、洗面间卫生纸、抽纸、坐便垫、洗手液定型定位情况、剩余消耗品数量及定位存放情况进行卫生质量检查,在《库内保洁验收单》中做好记录。智能复兴号车底重点检查商务车内置物格定型、旅客鞋子存放格内等重点部位的卫生清理情况。

6. 检查餐食

餐车始发准备完毕后，与餐服长对接，掌握商务座赠餐、垫纸、餐食、商品数量、品种等信息。抽查餐食、商品生产日期、有效期、外包装、价签及餐吧定型商品摆放情况。

三、始发作业

1. 掌握客流

开车前 20 分钟及时登录站车无线交互系统。遇列车编组临时发生变化及时与车站取得联系，掌握列车编组席位、车票售卖情况，根据《席位换乘通知单》、站车交互系统终端和临时变更事项，准确及时做好旅客席位安排。

2. 迎接旅客

按规定位置立岗，原则上短编组列车在 5 号车厢立岗，重联列车在前列 7、8 号车厢之间立岗，后列在 9、10 号车厢之间立岗，长编组列车在 9 号车厢立岗。根据车站放行时间，及时组织、检查乘务员在规定位置立岗迎客、解答问询、巡视车厢、整理行李和处理突发情况。指定一名工作人员在设有无障碍卫生间车厢车门内立岗，遇有乘轮椅旅客，做好引导工作，妥善安置轮椅。

3. 站车交接

与车站客运值班员（客运员）办理站车交接。交接内容包括《特殊重点旅客交接簿》《客运记录》《席位换乘通知单》《调度命令》等交接凭证，内容清楚、有签收，交接期间开启音视频记录仪。到站前 30 分钟登录高铁订餐手持终端确认互联网订餐，上水吸污等作业时按规定办理交接。

4. 高铁快件交接

列车长对高铁快件情况进行检查并确认安检标识、包装封锁完好，签字交接，交接期间开启音视频记录仪。有押运人员时，列车长应对押运员的证件进行检查和登记。遇中途站上车的快件，无押运员时按文件要求不办理交接业务，全程开启音视频记录仪。

5. 盯控广播

按广播作业流程盯控始发广播宣传，遇同站台放行旅客列车始发增加播放同站台广播。

6. 发车作业

听取各车厢乘务员汇报乘降情况（汇报顺序由头车至尾车依次汇报）。关门后列车长将对讲机调至规定频道守候。重联动车组列车由运行方向后组车长确认本组旅客乘降完毕后向前组车长进行汇报，由前组车长通知司机关闭车门。列车关门后在上车处车门位置立岗，行注目礼出站。关门前盯控关门前广播提示，开车后盯控列车自动预报广播，播报欢迎词、下一站预报和禁烟宣传。触发文明出行和安全宣传、设备设施介绍、征信宣传广播、铁路旅客温馨提示、列车已消毒等广播，遇广播系统故障，采用终端机播放。

四、途中作业

1. 列车长巡视作业

随时关注智能复兴号车底智能设备使用情况，发现异常及时通知机械师处理。列车长在巡视过程中随时为旅客介绍智能设备的使用方法，检查乘务人员对智能设备使用的掌握情况。智能复兴号车底列车长可通过乘务室内智能终端显示屏有针对性地对列车乘务员的作业情况进行视频抽检。

（1）巡视频次。

短编组每 1 小时巡视一次，长编组 2 小时巡视一次，运行时间在 1 小时以内的，每 30 分钟巡视一次。

（2）抽验车票。

复兴号列车根据席位显示系统、参考站车无线交互系统的售票情况对坐席显示橙色、绿色和扣售坐席进行抽验。

列车长查验
电子客票

（3）检查商务、一等车厢服务及作业情况。

开车后按照从小号至大号顺序，先对商务、一等车厢进行检查，检查广播音量、自动门状态，商务备品定型及发放情况、乘务员服务用语使用情况，感受车厢温度，掌握重点旅客信息和服务需求，对重点旅客温情提示问候，解答旅客询问。

（4）检查二等座车厢。

检查二等座车厢乘务人员作业及服务情况，检查行李架、大件行李处行李码放情况。

（5）关注旅客动态。

落实首问首诉，解答旅客询问，对旅客不文明乘车及各类违规行为及时劝阻。掌握重点旅客信息，对重点旅客做到"三知三有"（知座席、知到站、知困难，有登记、有服务、有交接），在站车交互系统中核对乘务员的标注。

（6）检查卫生动态保持情况。

检查各车厢、卫生间、洗面间、电茶炉、垃圾桶途中卫生保洁工作，卫生纸、擦手纸、坐便垫、清洁袋、纸杯等消耗品补充情况，垃圾装袋规定位置放置情况。发现问题及时提示责任车厢乘服员及时恢复，补充消耗品，要求乘务员督导落实。

（7）监督餐车服务及作业。

检查餐车备品、餐食、商品定位情况，吧台商品摆台情况，航空车、备品箱定位食品卫生标准落实情况。

（8）组织防火巡检，将防火巡检记录登记在列车长乘务工作日志上。

2. 安全提示

对车门、电茶炉、餐车后厨等安全重点部位进行安全检查，对旅客行李码放、外接电源、倚靠车门、接打开水、地面水渍等可能造成旅客挤伤、烫伤、砸伤、滑倒摔伤等隐患问题进行重点提示。

3. 广播作业

盯控列车自动广播播放情况。遇设备故障及时采用录播器播放或采用直播方式播放。盯控播报安全、服务、文明乘车、设备介绍、征信宣传等广播宣传情况，视情况播报"座席升级"，对"便捷换乘"的车站进行广播宣传提示。遇列车中途无法运行需折返等情况，广播宣传"列车折返退差"提示。

4. 票务作业

利用站车交互系统及现场查验，对学生优惠票、伤残优待票等特殊票种、乘车证件、减价证件进行核对。对无票、延长变更座席、减价不符及其他需要办理补票的旅客，按规定办理补票业务。每站及时掌握车内客流情况及旅客补票信息。对于已领取报销凭证的旅客，重点进行身份证信息核实。遇列车置换车底，导致部分旅客在已购有效电子客票乘车区间使用的席位由高等级调整到低等级时，通过站车交互程序，为旅客在线办理相应区间席位等级退差手续。遇列车晚点 30 分钟以上或列车无法正常运行至终点站时，掌握在线办理电子客票退差（退票）手续功能，正确回答解释旅客询问。

5. 安排用餐

按照大小号车厢；乘务员、保洁员交替用餐。乘务员用餐位置在乘务室进行；保洁用餐位置在乘务室边凳或就近风挡位置。乘务员用餐时段，列车长落实一次车厢巡视作业，并督促保洁员及相邻车厢乘务做好互控。列车长在用餐前提示餐车人员将乘务员自带餐食提前加热完毕，避免乘务员等候时间过长。

五、中途站作业

1. 到站前准备

对需办理站车交接事项做好到站交接准备，按规定填写《客运记录》《电报》《特殊重点旅客交接簿》。盯控到站前自动广播到站通报，如设备故障采用直播方式通报，换乘站播放便捷换乘广播。列车进站，听取首尾车乘务员对讲机汇报列车停靠站台方向及列车尾部进站情况。

2. 站车交接

在规定位置立岗办理交接。开启音视频仪与车站客运值班员办理站车交接。交接内容包括《特殊重点旅客交接簿》《客运记录》《席位换乘通知单》《调度命令》《电报》等交接凭证，内容清楚、有签收。

3. 联控关门发车

根据旅客乘降情况，及时组织各车厢乘务员逐车汇报乘降情况。听取车站"客运有关作业完毕"的报告后，通知司机关闭车门。列车关门后在上车位置处车门立岗，行注目礼出站，至车底驶出站台。开车后盯控列车自动预报广播，播报下一站预报和禁烟宣传。播报文明出行和安全宣传、设备设施介绍、征信宣传广播，遇广播系统故障，采用终端机播放或直播

六、折返站作业

1. 终到巡视

确认所有旅客下车完毕，车内无闲杂人员，发现旅客遗失品时与车站办理交接。对全列车内设备、隐蔽部位进行检查，确认无遗留物品及安全隐患。盯控随车保洁终到站卫生质量。

2. 折返整备

检查车厢终到卫生，登记脏座椅套，检查垃圾投放情况。检查商务座头枕片更换、座椅网袋清理、指南、杂志定位摆放情况，检查卫生纸、擦手纸、清洁袋、纸杯等各种消耗品补充情况。对存在的问题在《折返保洁验收单》上进行记录，督促保洁班组整改，对主要问题及时汇总向车队汇报。盯控乘务员做好折返站卫生恢复及消毒作业。

3. 折返站退乘

遇有上水、吸污作业的车站时，通知站方值班员，乘务员下车完毕。无上水、吸污作业的车站，通知司机关闭车门。组织客运乘务员、餐服员、乘服员、乘（辅）警站台列队点名，组织召开退乘会，总结本趟工作，按照规定线路行走入住公寓。乘（辅）警护送票据和单程票款锁入公寓保险柜，入住期间专人看管。入住期间落实公寓管理制度，不得私自外出。需外出时严格遵守请销假制度。

七、终到站作业

1. 终到准备

终到前最后一个运行区间或终到前 30 分钟（长编组 50 分钟），组织各车厢开展终到卫生恢复和备品整理工作。对需办理站车交接事项做好到站交接准备，按规定填写《客运记录》《电报》《特殊重点旅客交接簿》。盯控到站前广播通告。通告内容包括列车前方到站、安全提示、终到广播。列车进站，听取首尾车乘务员对讲机汇报列车停靠站台方向及列车尾部进站情况。

2. 核对票款

清点票据票款，乱码加锁，确保票据票款安全。填写收入台账，票据使用数量及款额填写准确。

3. 终到巡视

确认所有旅客下车完毕，车内无闲杂人员，发现旅客遗失品时与车站办理交接。重点备品柜门逐一打开检查核实。检查垃圾投放情况，汇总乘务员上报污渍座椅套座席号、破损服务标识、服务指南缺失情况向车队汇报，对列车重点需保洁作业问题登记重点保洁部位提示卡，并与库内保洁做好交接。动车所配属车底垃圾车、航空车定位放置，与库内保洁交接。盯控乘务员收取剩余消耗品，与库内保洁交接。

4. 联控关门

遇有上水、吸污作业时，通知车站客运值班员。组织乘务员退乘，由车站客运值班员确认上水、吸污作业完毕后联控司机关闭车门。无上水、吸污作业的车站，通知司机关门。

动车组途中上水、吸污时，车站客运人员要确认上水、吸污等作业完毕后，将对讲机转至行车频道通知动车组列车长，动车组列车长须得到车站客运人员的确认后，方可按要求报告司机（或机械师）关闭车门。

八、退乘作业

1. 退乘总结

组织客运乘务员、餐服员、乘服员列车中部召开退乘会，对当趟工作情况进行汇总点评，发还上岗证、手机并签字确认。

2. 终到缴款

由乘警（辅警）护送到车站收款室缴款，至少有一名乘务员陪同。

3. 缴票退乘

带领乘务班组列队整齐，按规定线路至车队。到票据室下载数据，锁闭票据，填写收入资料。

任务实施

1. 任务准备

（1）设备准备：对讲机、音视频摄录仪、交互系统手持终端、服务备品、仿真复兴号智能动车组列车车厢、实训室，专业训练服（可着正装）。

（2）实训资料准备：动车组列车各岗位作业指导书、实训任务单、动车组列车服务质量规范、教材等。

（3）情景准备：实训前各小组查阅、收集资料，选择动车组列车客运乘务作业情景，情景中包括动车组列车列车长、乘务员等客运乘务组人员、旅客。

（4）人员准备：实训分小组进行，每组6~8人，每小组做好人员分工。

2. 实施步骤

（1）复兴号智能动车组列车长出乘接车作业。
（2）复兴号智能动车组列车长始发、途中作业。
（3）复兴号智能动车组列车长终到、退乘作业。
（4）组内互查，教师总结并评分、评价。

3. 任务单

训练名称	复兴号智能动车组列车长客运乘务作业训练		
班　级		姓　名	

1. 复兴号智能动车组列车长客运乘务作业。

2. 复兴号智能动车组列车长检查设备。

3. 复兴号智能动车组列车长查验车票。

4. 复兴号智能动车组列车长作业联系。

任务总结：

4. 效果评价

	项目	A-优	B-良	C-中	D-及格	E-不及格	综合
小组评价	乘务作业（15%）						
	检查设备（15%）						
	查验车票（20%）						
	团队合作（10%）						
教师评价	乘务作业（20%）						
	任务单（20%）						
	教师签名						

复习思考题

1. 叙述高速铁路动车组乘务组人员配备内容。
2. 叙述复兴号智能动车组二等座乘务员作业内容及要求。
3. 叙述复兴号智能动车组一等座乘务员作业内容及要求。
4. 叙述复兴号智能动车组商务座乘务员作业内容及要求。
5. 叙述动车组列车长作业内容及要求。

项目四　高速铁路客运服务信息系统

项目描述

高速铁路客运服务信息化覆盖了售票、营销、自动售检票、候车服务、列车服务、延伸服务等出行全流程。本项目主要介绍铁路客票系统，铁路旅客服务与生产管控平台，旅客服务信息系统，客运管理信息系统，站、车无线交互系统和铁路客户服务中心系统。

学习目标

1. 素质目标

通过学习高速铁路旅客运输信息系统的内容及要求，坚持为人民服务，满足人民日益增长的精神文化需求，培养信息化管理意识，具有创新精神，具有较强的社会责任感，能坚守岗位，尽职尽责。

2. 能力目标

能正确使用高速铁路客票系统；能运用高速铁路车站旅客服务信息系统为旅客服务；能正确使用铁路客运管理信息系统；能正确使用铁路客户服务中心系统。

3. 知识目标

掌握高速铁路客票系统的架构和功能；掌握高速铁路车站旅客服务信息系统的设置地点及使用方法；掌握铁路客运管理信息系统的功能和使用方法；掌握铁路客户服务中心系统的职责和功能。

任务1　铁路客票系统运用

任务引入

中国铁路客票系统具备票务管理、售票交易、互联网售票、电话订票、列车服务、车站服务等功能，具备客户关系管理、客运营销辅助决策、卡务管理、系统监控等功能。

请思考：如何正确使用客票系统完成实名制售票、验证、检票工作？

相关知识

铁路客票系统广泛采用了移动互联网、云计算平台、内存数据库及弹性计算架构等新技术，在车票实名制、电子支付、票额预分、席位选择、通退通签等领域深入研究、持续创新，不断强化服务和运维效率，提升服务品质。

一、客票系统的基本架构及功能

（一）客票系统的基本架构

客票系统按国铁集团、铁路局集团公司、车站3级配置设备。

（1）国铁集团级客票系统与运输信息集成平台、公安管理信息系统、铁路客服语音平台/短信平台/邮件系统、电子支付平台、旅客服务与生产管控平台、中铁财保系统、中铁银通卡管理系统等相关信息系统交互信息。可预留与国家有关部门、企事业单位等外部系统接口条件。

（2）铁路局集团公司级客票系统与运输收入管理信息系统、公安管理信息系统等相关系统交互信息。

（3）车站级客票系统具备票务管理、售票服务、实名制核验服务、检票服务、应急售票、应急检票、补票、客运营销辅助决策、客票监控等功能。

（二）客票系统功能

铁路客票系统是铁路客运组织实现有序化、快捷化的有力保障，其功能如下。

（1）具备票务管理、售票服务、实名制核验服务、检票服务、列车验票服务、补票服务等基本功能。

（2）具备客运营销辅助决策、卡务管理、系统监控等扩展功能。

（3）支持客户关系管理、客运延伸服务、保险等外联功能。

（4）客票系统支持电子客票、磁介质纸质热敏车票及符合国铁集团标准的乘车凭证。

（5）客票系统支持现金、银行卡、储值卡、第三方支付等多种支付方式。

（6）客票系统支持车站窗口、代售点、自动售票设备、互联网（含移动客户端）、电话等售票渠道。

客票系统相关功能如图4-1-1所示。

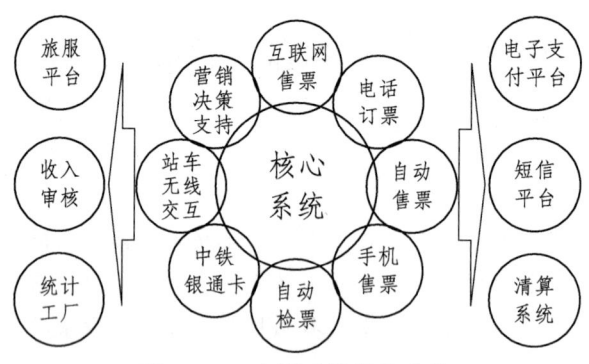

图 4-1-1　客票系统相关功能

二、车站级售票系统设置及功能

车站级客票系统设置人工售票、自动售票、检票、实名制核验等终端设备；根据运营服务需要，设置清分、客票席位自助办理等终端设备。应急售票服务器宜单台设置。车站级客票系统管理终端设置于车站综合指挥中心、综合监控室、售票室或票务办公室，具有收入统计、业务管理及查询等功能。

（一）人工售票系统设置及功能

（1）支持售票、打印行程信息提示、改签、退票、补票等功能。

（2）根据车站售票组织方式，设置于售票区、综合服务中心、服务台、补票处等场所。

（3）人工售票设备设置数量不少于2套，根据人工售票速度以及车站日均发送人数、日均发送人数波动系数、站内售票比例系数、人工售票比例系数、高峰售票比例系数等参数综合确定。

售票窗口售、补票设备布置示意如图4-1-2所示。

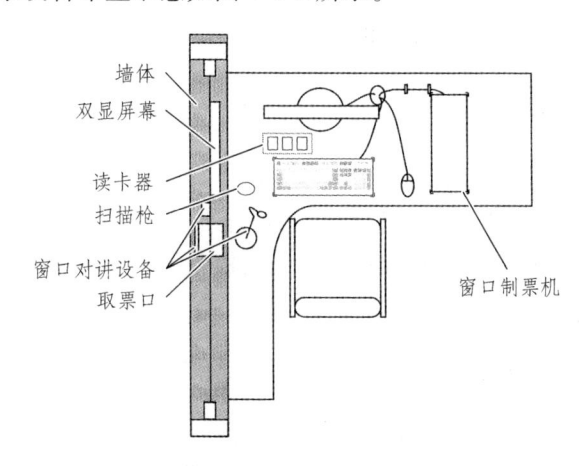

图 4-1-2 售票窗口售、补票设备布置示意

（二）自动售票设备设置

1. 自动售票机备品备件

自动售票机备品备件包括报销凭证打印模块（含堆叠及双路供纸机构）、输入输出（IO）扩展板、身份证件识读模块、优惠证件识读模块、银行卡处理单元、凭条打印单元、维护打印单元、后台维护单元、运营状态显示屏、纸币接收单元、纸币找零模块、旅客显示模块、信息及操作屏、主控模块、UPS、出钞闸口、出票闸门、报销凭证回收模块。

2. 自动售票设备设置要求

（1）自动售票设备设在方便旅客购票的旅客进/出站、候车流线上。

（2）自动售票设备根据终端售票速度以及车站日均发送人数、日均发送人数波动系数、站内售票比例系数、终端售票比例系数、高峰售票比例系数等参数综合确定。

（3）中型及以上车站自动售票设备设置数量应不小于3台，其中1台具备报销凭证回收功能。

（4）小型车站自动售票设备设置数量不小于2台。

（5）自动售票设备采用嵌入式安装方式，并预留维修及操作空间。

自动售票设备整体嵌入式安装如图4-1-3所示。

图 4-1-3　自动售票设备整体嵌入式安装

三、车站检票设备设置要求

（一）门式自助检票机备品备件

门式自助检票机备品备件包括二维码识读模块、工控机、门翼（标准通道）、门翼（宽通道）、门翼电机、证卡识读模块（身份证件+中铁银通卡）、人脸图像采集模块、检票信息显示屏、通行控制模块（含门控制、传感器控制及灯光控制）、电源模块、数据存储卡（CF卡）和编码器。

（二）柱式检票机备品备件

柱式检票机备品备件包括主控单元、信息显示屏、二维码识读模块、证卡识读单元、电源模块、机械锁、状态指示灯、语音播放模块、散热模块。

（三）手持检票设备/客运作业手持终端备品备件

手持检票设备/客运作业手持终端备品备件包括手持作业终端、手持作业终端电池、蓝牙证卡识读器。

（四）车站检票设备设置要求

（1）进站门式自助检票机设置数量根据上车人数、处理速度、检票时长、验检模式等参数综合确定。

（2）出站门式自助检票机设置数量根据下车人数、疏散时间内到达旅客人数、处理速度、检票时长等参数综合确定。

（3）每组门式自助检票机不少于 3 通道，其中宽通道数量不少于 1 个。

（4）每组门式自助检票机设置不少于 1 台柱式检票机。

（5）每组门式自助检票机配置不少于 1 台手持检票设备。

（6）在有换乘需求车站、进出站流线合一车站，检票设备应结合进出站流线合理设置。

（7）采用验检合设的车站进站门式自助检票机具备实名制核验功能。

（8）门式自助检票机应与火灾自动报警（FAS）联动，当旅客车站发生火灾等紧急情况时，能自动或手动控制门式自助检票机开放。

四、实名制核验设备

（一）实名制核验设备备品备件

1. 人工实名制核验设备备品备件

人工实名制核验设备备品备件包括人脸图像采集设备、二维码识读设备、身份证识读设备、验票主机（PC机）（含显示器及键盘）。

2. 自助实名制核验闸机备品备件

自助实名制核验闸机备品备件包括二维码识读设备、控制主机、门翼（标准通道）、门翼（宽通道）、门翼电机、身份证件识读模块、人脸图像采集模块、信息显示模块、通行控制模块（含门控制、传感器控制及灯光控制）、电源模块。

（二）实名制核验设备设置要求

采用验检分设的车站设置实名制核验设备，并应符合下列规定。

（1）实名制核验设备设置数量根据验证口的设置、旅客高峰小时发送量、不同进站核验区客流比例、设备核验速度、人工和自助实名制核验比例、旅客携带物品安全检查设备数量等参数综合确定。

（2）每组自助实名制核验闸机配置不少于2通道，并配置不少于1套人工实名制核验设备。

（3）自助实名制核验闸机与火灾自动报警（FAS）系统联动，当旅客车站发生火灾等紧急情况时，能自动或手动控制设备开放。

任务实施

1. 任务准备

（1）设备准备：仿真车站客票系统、手持检票设备，实训室，专业训练服（可着正装）。

（2）实训资料准备：相关客运岗位指导书、实训任务单、教材等。

（3）情景准备：实训前各小组查阅、收集资料，选择旅客实名制购票、进站实名制验证检票、出站等服务情景，情景中包括高速铁路客运服务人员、旅客。

（4）人员准备：实训分小组进行，每组6~8人，每小组做好人员分工。

2. 实施步骤

（1）正确使用售票系统。

（2）正确使用实名制核验设备。

（3）正确使用进出站检票设备。

（4）组内互查，教师总结并评分、评价。

3. 任务单

训练名称	高速铁路客票系统操作训练		
班 级		姓 名	
1. 使用售票系统完成相关票务处理作业。			
2. 使用实名制核验设备办理旅客进站。			
3. 使用检票设备为旅客办理检票乘车。			
4. 使用手持检票设备为旅客办理出站。			
任务总结：			

4. 效果评价

	项目	A-优	B-良	C-中	D-及格	E-不及格	综合
小组评价	售票设备（20%）						
	核验设备（15%）						
	检票设备（15%）						
	团队合作（10%）						
教师评价	客票系统应用（20%）						
	任务单（20%）						
	教师签名						

114

任务 2　旅客服务信息系统运用

任务引入

旅客服务与生产管控平台系统（俗称"智能大脑"）指挥客运生产各项工作。将"旅客服务信息系统""客运管理信息系统""客运设备系统"和"应急指挥系统"全面整合，同时接入"客票系统""调度系统"，形成数据共享、业务融合和界面集成的管控平台，通过对大数据的统计、分析、研判，准确高效地指挥现场各项生产工作。

请思考：如何为旅客提供全流程的信息服务？

相关知识

一、旅客服务与生产管控平台

旅客服务与生产管控平台可实时获取列车到发、车底编组、旅客流量等信息，自动编制客运作业计划，动态调配各岗位工作人员和服务资源，大幅减少人工操作，有效提升生产组织效率和质量；对设备运行状态及站内温度、湿度、客流进行实时监测和自适应调控，提升旅客候车体验；根据列车到发和客流密度制定照明、空调等设备的节能策略，降低能源消耗；对车站导向屏、广播、检票闸机等设备进行联动管控，为旅客提供进站、候车、登乘、出站全过程的信息引导服务。

（一）旅客服务与生产管控平台主要功能

旅客服务与生产管控平台（以下简称"管控平台"）部署在国铁集团、铁路局集团公司、车站。

（1）管控平台根据车站功能布局与列车实时运行情况，对客运广播、综合显示、视频监控、时钟、信息查询、求助等旅客服务功能和设备进行集中管控，能够实现旅客服务、客运管理、客运设备管理、应急指挥等业务融合管理。

（2）管控平台支持铁路局集团公司集中管理、站段综合指挥中心集中管理、中心站管理、车站独立管理等运营管理模式。

（3）管控平台支持正常工作模式和应急工作模式，并能通过人工或自动方式切换。

（二）车站旅客服务与生产管控平台设备设置

车站管控平台具备信息数据采集、设备集中管控、应急处理、集成业务数据展示等功能。车站管控平台根据需要与建筑设备监控系统、综合视频监控系统等系统交互信息。

车站管控平台设备设置应符合下列规定。

（1）设置数据/应用服务器、接口服务器等，并集中部署在车站信息机房。

（2）根据客运管理需要，管控平台业务操作终端设置在综合指挥中心、车站综合监控室、服务台等处。

（3）综合指挥中心、综合监控室设置大屏幕显示设备。

旅客服务与生产管控平台大屏幕显示设备如图 4-2-1 所示。

（4）车站设置铁路客运手持作业终端，手持作业终端设置数量根据客运作业管理需求和终端功能统筹考虑、合理设置。

旅客服务与生产管控平台客运手持作业终端操作界面如图 4-2-2 所示。

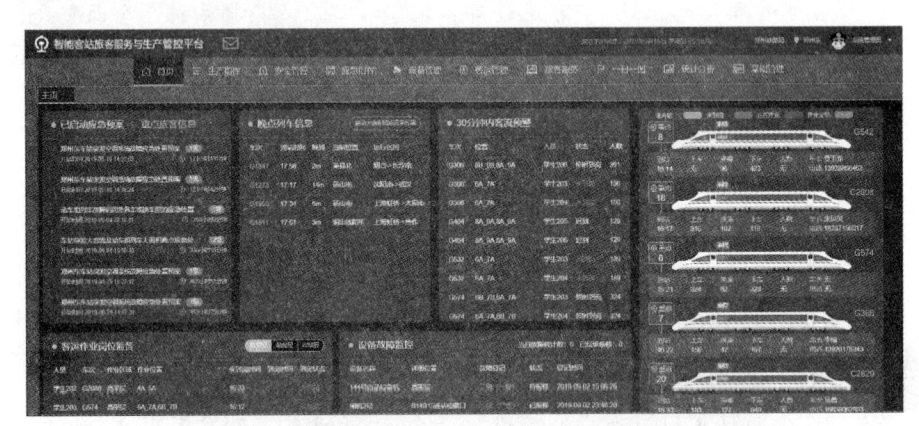

图 4-2-1　旅客服务与生产管控平台大屏幕显示设备

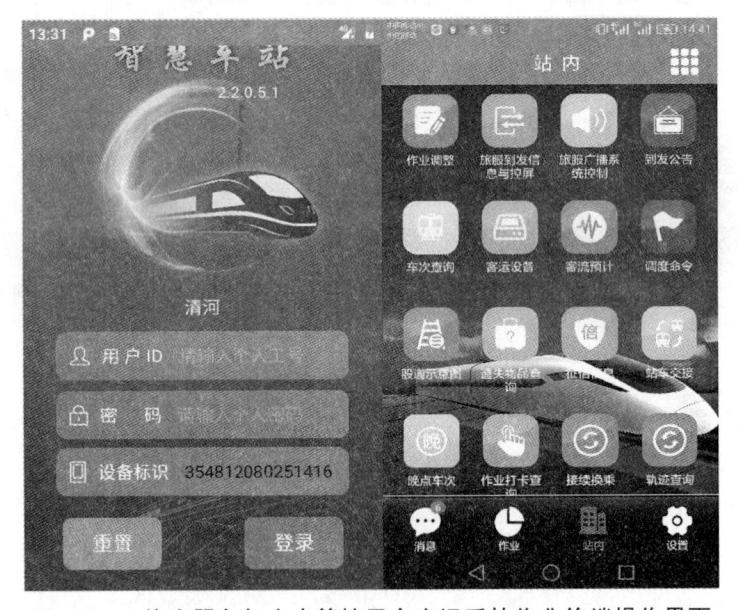

图 4-2-2　旅客服务与生产管控平台客运手持作业终端操作界面

二、旅客服务信息系统

旅客服务信息系统可以为铁路旅客提供购票、进站、候车、乘车、出站等服务信息，为客运服务人员提供列车到发、作业指示、视频监控等生产信息和作业手段。通过该系统的运行，可以全面实现各种静态、动态引导信息、广播信息的自动执行，自动引导旅客进站、候车、乘降及出站，较好地兼顾了智能化、自动化和人性化等特点。

（一）车站客运广播系统

车站客运广播系统为车站旅客购票、进站、候车、检票、乘车、出站、换乘等提供公共服务广播，为车站客运服务人员提供业务广播。

1. 广播分区设置

车站客运广播系统广播分区设置应符合下列规定。

（1）按照车站广场、售票区、进站集散区、候车区、站台、进出站通道、出站集散区、办公区、商业区等单独设置广播分区。

（2）车站候车区、站台广播分区设置不少于2个广播回路。

（3）同一广播分区的相邻扬声器接入不同广播回路。

2. 客运广播系统设备设置

（1）车站客运广播系统设置广播主机、信源设备、控制及传输设备、功率放大器、扬声器、应急广播设备等，根据需要设置小区广播设备，可设置噪声探测器。

（2）广播主机设置在信息机房，并应冗余设置。

（3）信源设备根据客运管理需要，设置在车站综合指挥中心、综合监控室或服务台等处。

（4）设置话筒、FM调谐器、支持播放数字音频。

（5）控制及传输设备设置在大型及以上车站时采用分布式设置方式，设置在信息机房、信息配线设备间，中、小型车站集中设置在信息机房。

（6）功率放大器在大型及以上车站时采用分布式设置方式，设置在信息机房、信息配线设备间，中、小型车站集中设置在信息机房。采用网络数字功率放大器，按广播分区设置，容量应根据广播分区扬声器额定功率总和及线路衰耗确定，按不少于4+1热备。

（7）扬声器设置时应根据建筑结构、装修形式及声学环境，结合扬声器的电气和声学性能指标等因素，确定扬声器设备选型、安装位置及方式，采用隐蔽安装方式。站台扬声器在满足声场覆盖的前提下，与桥架、灯具、动静态标识等统筹设计。贵宾室、商务候车区、母婴休息室等对音量有特殊要求的区域在现场设置音量调节器。

扬声器安装位置如图4-2-3所示。

图4-2-3 扬声器安装位置

（8）应急广播设备包括应急广播话筒、应急广播控制器等，根据客运管理需要，应急广播话筒、应急广播控制器设置在车站综合指挥中心、综合监控室或服务台等客运人员值守处。

（9）噪声探测器设置在售票区、候车区、进站检票口、出站检票口、进出站集散区等处。

（10）小区广播设备根据需要采用无线话筒或无线对讲设备，控制设备设置在信息机房、信息配线设备间。收发设备设置在售票区、进站集散区、候车区、站台、出站集散区等处，也可根据需要集中设置于信息机房。

（11）车站客运广播与消防应急广播合用时广播分区应结合防火分区进行划分，消防应急广播具有最高优先级，车站客运广播系统应与FAS互联，发生火灾报警时，FAS应能强切车站客运广播系统回路，播放消防应急广播。

（二）车站综合显示系统

车站综合显示系统应为旅客提供引导及资讯信息，为车站客运服务人员提供生产信息。车站综合显示系统设置控制器、综合显示终端等设备，综合显示终端包括 LED 显示屏、LCD 显示屏、计算机终端等。综合显示系统根据需要接入有线电视等信源。

进站大屏与综合信息显示屏如图 4-2-4 所示。

图 4-2-4 进站大屏与综合信息显示屏

1. 综合显示终端设置

为车站客运服务人员提供信息服务的综合显示终端设置在人工售（补）票处、客运值班室、公安值班室、上水工室、服务台、高铁快运业务办理等处，根据需要可采用计算机终端、LCD 显示屏等。

综合显示终端应根据车站规模和流线统筹设计，设置地点及主要显示信息见表 4-2-1。

表 4-2-1 综合显示终端设置地点及主要显示信息

名称	设置地点	主要显示信息
资讯屏	候车区、售票区	车次、始发站、终到站、开车时间、状态、公告信息等
售票窗口屏	售票窗口上方	售票窗口工作状态及编号等
票额屏	售票区	车次、始发站、终到站、开车时间、票额等
进站大屏	进站集散厅、候车区等处	车次、始发站、终到站、开车时间、状态、候车区、检票口等
候车引导屏	候车区入口等处	车次、始发站、终到站、开车时间、状态等
进站检票屏	进站检票口	车次、终到站、开车时间、站台、状态等
进站通道屏	进站地道或天桥	车次、始发站、终到站、站台、开车时间、编组等
站台屏	站台	车次、始发站、终到站、开车时间或到达时间、编组、提示等
编组屏	站台	车次、始发站、终到站、开车时间或到达时间、编组等
出站通道屏	出站地道或天桥	车次、始发站、终到站、站台、到达时间、编组等
出站屏	出站区域	车次、始发站、到达时间、出站口、状态等

2. 售票区资讯屏设置

售票区资讯屏宜与综合信息公告牌标识合并设置，票额屏、进站大屏、候车引导屏、出站大屏宜采用同步显示屏，其他显示屏宜采用异步显示屏。票额屏可采用 LED 或 LCD 显示屏，售票窗口上方的售票窗口屏采用 LED 显示屏，开放式售票区域的售票窗口屏采用 LCD 显示屏。

开放式售票区域如图 4-2-5 所示。

图 4-2-5　开放式售票区域

3. 检票屏设置

进站检票口设置检票口资讯屏，与检票口落地式标识合并设置，单层候车区的进站大屏与候车引导屏、检票屏合并设置，单独设置进站检票屏时，应同时显示不少于 2 列车次的检票信息。

检票口资讯屏如图 4-2-6 所示。

图 4-2-6　检票口资讯屏

4. 站台屏设置

设置在室外的站台屏采用超高亮 LED 室外型显示屏。站台屏设置位置应根据建筑的形式合理确定，符合旅客视距要求，站台屏采用双面屏，每个站台的站台屏数量不应少于 2 处，站台屏安装方式应符合结构安全要求并结合站台雨棚形式合理确定，高大空间无站台柱雨棚的站台屏宜采用落地安装方式。显示屏应支持汉字、少数民族文字或外文显示。

站台屏如图 4-2-7 所示。

图 4-2-7　站台屏

（三）车站视频监控系统

车站视频监控系统为车站生产组织作业提供实时图像。车站视频监控系统功能应符合下列规定。

（1）具有视频采集、视频处理、视频存储、视频回放、视频分发/转发、视频显示等功能。

（2）具有优先级划分等系统管理功能。

（3）与其他系统互联时，具有告警联动等功能。

（4）具有视频内容分析功能。

车站视频监控系统如图 4-2-8 所示。

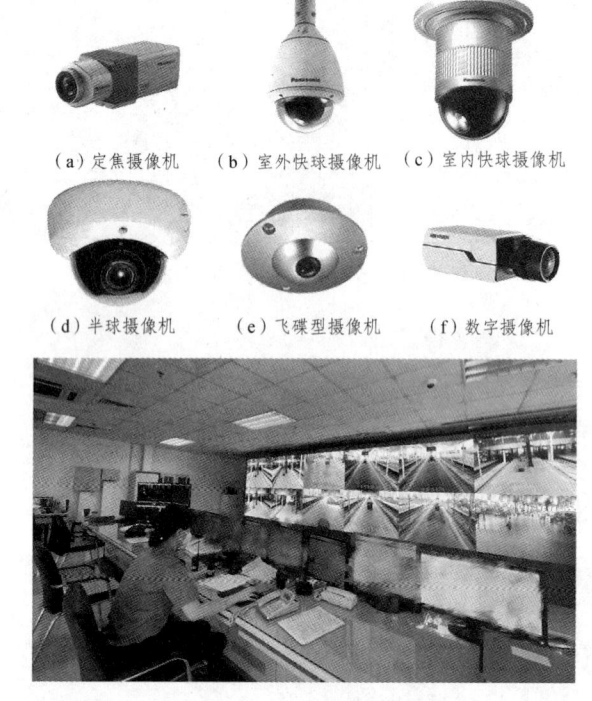

（a）定焦摄像机　（b）室外快球摄像机　（c）室内快球摄像机

（d）半球摄像机　（e）飞碟型摄像机　（f）数字摄像机

图 4-2-8　车站视频监控系统

（四）车站时钟系统

（1）车站时钟系统为车站旅客及客运服务人员等提供统一的标准时间信息。车站设置子钟设备，大型及以上车站设置车站母钟，其他车站根据需要设置车站母钟。

（2）车站母钟设置在信息机房，同步于上一级旅客服务与生产管控平台 NTP 母钟。

（3）车站子钟设置在售票区、进站集散厅、候车区、站台、出站集散厅、出站口等处。

（3）结合建筑装修形式，可采用指针式或数字式子钟，也可与综合显示屏统筹设置。

（4）站台吊挂子钟与吊装支架间应配置防坠吊链。

车站时钟如图 4-2-9 所示。

图 4-2-9　车站时钟

（五）车站信息查询系统

车站信息查询系统向旅客提供列车车次、到发时间、余票及相关公告等信息的查询服务。
（1）车站信息查询系统通过车站旅客服务与生产管控平台获取信息。
（2）车站信息查询系统设置自助查询终端、人工查询终端。
（3）自助查询终端设置在售票区、候车区、车站服务台等处，采用触摸屏等查询终端。
（4）人工查询终端采用计算机终端，设置在问询处或车站服务台等处。
车站信息查询系统如图 4-2-10 所示。

图 4-2-10　车站信息查询系统

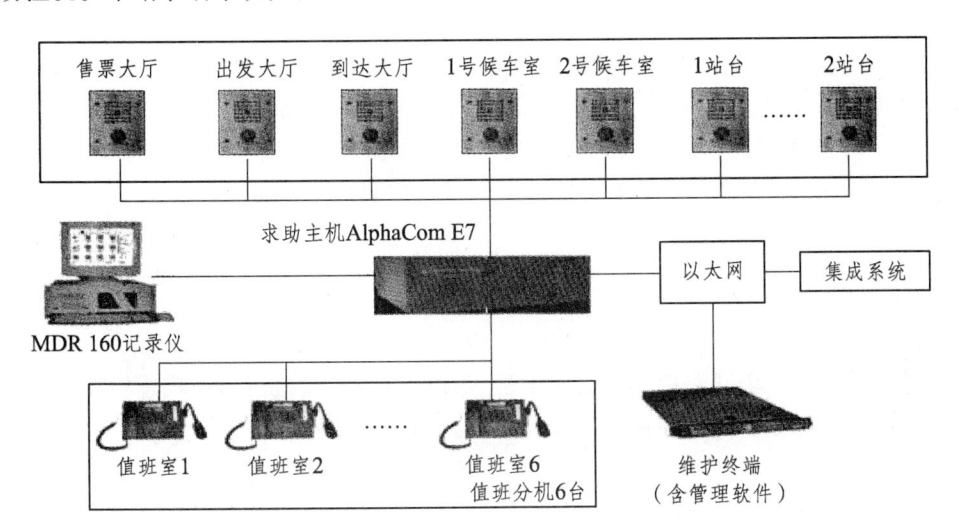

（六）车站求助系统

（1）车站求助系统为售票区、进站集散厅、候车区、站台、出站集散厅等处的旅客提供求助呼叫服务。
（2）现场求助设备设置在售票区、进站集散厅、候车区、站台、出站集散厅等处，可与其他客运服务设施设备结合设置，与车站视频监控系统联动。
（3）求助按钮采取嵌入式安装、防尘、防水，通过软件设置，求助按钮固定指向求助分机。求助按钮具有自动接听功能，其他用户呼入时，自动接通呼叫，在对方挂机时，求助按钮自动挂机。车站求助系统如图 4-2-11 所示。

图 4-2-11 车站求助系统

三、综合监控室常用系统

综合监控室常用系统主要有旅客服务与生产管控平台、自动检票管理系统、CTC（调度集中系统）、应急处置综合管理平台。旅客服务信息系统将车站的列车到发数据通过业务模板生成适用于本站客运服务的客运计划，由系统根据客运计划中的到发时刻和各种人工触发信号自动执行相关的广播、导向、监控和自动检票等业务。对于列车晚点、股道变更、候车室变更以及检票口变更等特殊情况，采取人工干预的方法，变自动模式为手动模式执行相关的作业，确保客运站生产作业的正常顺利进行。

综控室客运员班中作业

（一）旅客服务信息系统操作

1. 数据来源

旅客服务信息系统（含自动检票管理系统）的基础数据来源为客票系统。旅客服务信息系统通过 TRS 数据比对从客票系统获取列车车次、开行日期、运行时刻、运行区段等数据，再通过"客运组织业务模板"结合调图文件、电报调令、本站情况，人工维护列车股道、广播、导向及检票作业时间等获取信息。

2. 数据维护

旅客服务信息系统数据维护包括日常维护（包括临时性列车增开、停运、编组变化）和调图数据维护。日常维护即根据车站接收的电报、调令对短期列车变化信息进行维护，一般在收到命令后立即维护，做好登记及交接。调图数据维护根据列车调整多少，在调整日前 2~10 日维护。综合监控室每日核对接班后当日及次日旅客服务信息系统、自动检票系统数据。

3. 显示终端显示规则

（1）检票显示屏。

高铁及城际始发列车开车前 40 分钟上屏，开车点下屏。检票前在状态栏显示"在此候车"字样，检票期间显示"正在检票"字样，停检后显示"停止检票"字样。

（2）站台显示屏。

高铁及城际始发列车开车前 30 分钟上屏，开车点下屏。终到列车到达前 15 分钟上屏，到达后 5 分钟下屏（城际终到列车可在到达后 3 分钟下屏）。

122

（3）出站通道（到达区域）显示屏。

终到列车到达前 15 分钟上屏，到达后 5 分钟下屏。同一显示屏同时显示多趟列车时，按照列车到达时间先后顺序排序，根据显示屏大小，满屏顺序显示当日车次，到达后 5 分钟下屏。

（4）出站显示屏。

按照列车到达时间先后顺序排序，根据显示屏大小，满屏顺序显示当日车次，列车到达后 10 分钟下屏。

（5）候车室引导显示屏。

按照列车开车时间先后顺序排序，根据显示屏大小，满屏顺序显示当日车次，检票前在状态栏显示"候车"字样，检票期间显示"正在检票"字样，停检后显示"停止检票"字样，开车点下屏。

其他动态显示屏根据显示屏位置和大小，以尽可能提前告知旅客原则显示车次相关信息。

（二）自动检票管理系统

自动检票管理系统主要包括检票日计划、计划管理、结班统计、银通卡管理、设备管理、电子客票等功能模块。主要用于进、出站检票机计划维护及检票指令发布，保障现场各次列车自动检票作业。

1. 数据来源及维护

自动检票管理系统列车数据来源于旅客服务信息系统客运组织业务模板，每日凌晨 4 点左右根据"客运组织业务模板"生成次日进出站检票机计划，如发现数据不符，自动检票管理系统不自动生成计划，需要手动添加计划。

2. 检票计划作业规则

（1）进站检票计划。

① 高速始发列车。短编组列车开车前 15 分钟，长编组及重联列车开车前 20 分钟开始检票（立即折返列车小于检票时间的，旅客下车后开检）。

② 高速经停列车。停站 10 分钟及以上的列车到站后开检，停站 10 分钟以下的，到达前 10 分钟开检。所有列车开车前 3（5）分钟停检。

（2）出站检票计划。

所有列车到达前 10 分钟开检，到达后 40 分钟停检。

（三）CTC 系统

主要用于列车运行状态监控及上水作业安全防护，综合监控室无操作权限。

（四）应急处置综合管理平台

应急处置综合管理平台主要包括应急响应管理、大数据查询、客运应急辅助、应急预案、应急指令、应急演练、应急总结分析、季节性应急等功能模块。

车站应急指挥中心主要用该系统完成集团公司下发的应急响应确认、应急签到、处置过程登记以及晚点列车盯控等。综合监控室主要用该系统查询晚点列车晚点时刻、运行轨迹以及列车的编组、交路、售票等综合信息,为车站大面积晚点时的客运组织提供相关数据。

（五）各系统之间的关系

旅客服务信息系统及自动检票管理系统为综合监控室作业主要系统,CTC系统、应急处置综合管理平台均为维护、修改系统数据做依据或参考。旅客服务信息系统车次信息下载到自动检票管理系统后,用于自动检票管理系统当日检票列车的基础数据。

综合监控室客运员班中作业如图4-2-12所示。

图4-2-12　综控室客运员班中作业

四、铁路客运管理信息系统

铁路客运管理信息系统以先进的信息技术为支撑,满足铁路客运管理部门的值乘计划管理、在途列车监控、客运组织与作业管理、列车办公与服务管理的功能需求,规范铁路客运管理作业流程,提高工作效率。

客运管理信息系统总体结构采用国铁集团、铁路局集团公司2级部署,国铁集团、铁路局集团公司、客运站段3级应用的模式。

（一）铁路客运管理信息系统功能

（1）国铁集团级、铁路局集团公司级客运管理信息系统具备客运主管部门管理客运业务功能。

（2）客运站级客运管理信息系统具备客运站日常生产管理客运组织管理、人员管理、设备履历管理、站车信息交互等功能。

（3）客运段级客运管理信息系统具备客运段日常生产管理等功能。

（二）客运管理信息系统设备设置

（1）国铁集团级客运管理信息系统设置数据库服务器、应用服务器、接口服务器、存储、负载均衡器等设备。

（2）铁路局集团公司级客运管理信息系统设置数据库服务器、应用服务器、接口服务器、存储、负载均衡器、语音、短信收发等设备。

（3）客运管理信息系统终端与办公管理信息系统终端合设。

客运站级客运管理信息系统如图 4-2-13 所示。

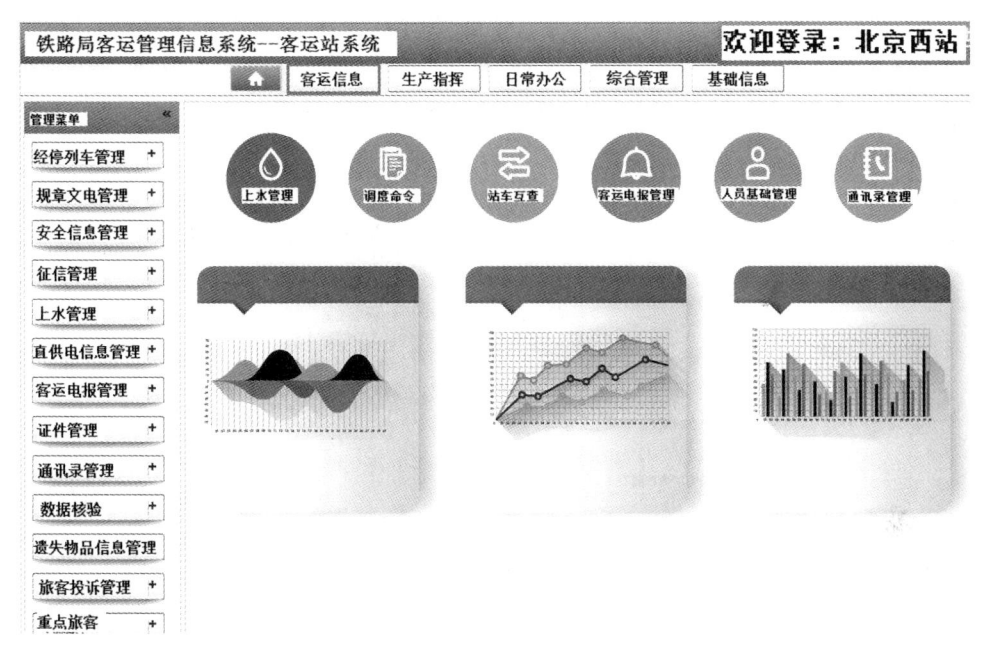

图 4-2-13　客运站级客运管理信息系统

客运段级客运管理信息系统如图 4-2-14 所示。

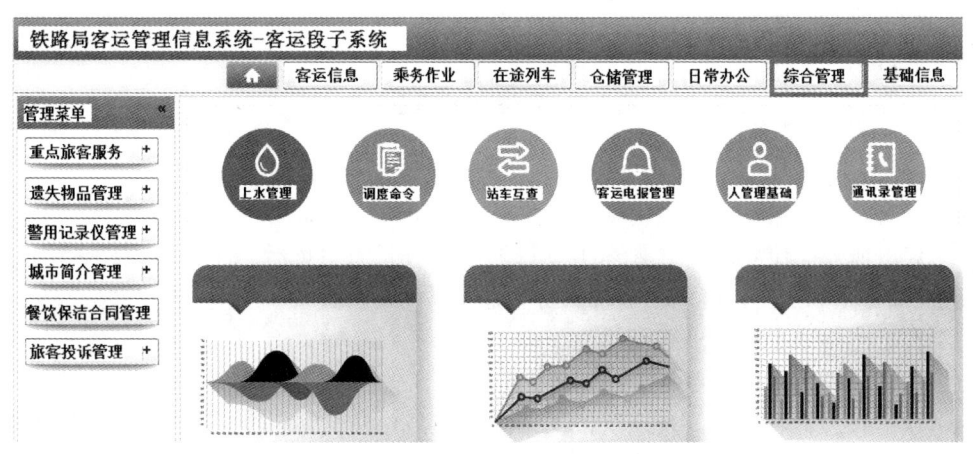

图 4-2-14　客运段级客运管理信息系统

（三）站车交互系统客运管理系统

列车上仅有列车长具有登录客运管理系统的权限。包括合并登录和独立登录两种方式。合并登录是在登录站车交互系统时一同登录客运管理系统，输入用户 1D 和密码即可，需要注意的是，登录的车次需要在该登录用户的乘务计划内，否则客运管理相关功能无法使用。从站车交互系统通过左滑，进入客运管理总菜单页面。独立登录是先登录站车交互系统，等需要用客运管理系统功能时，才会要求登录。进入客运管理系统界面后，可以进行信息查询和业务操作。

点击客运管理主入口，包括客运管理和生产作业的具体条目。客运管理包含【应急处置】【列车速报】【乘务日志】【晚点消息】【工单消息】【铁路电报】【上水管理】【直供电信息录入】【铁路公安报警电话】【查看经停站通讯录】【征信信息管理】【遗失物品查询】【列车到发查询】。生产作业包含【班组信息】【客运记录】【调令历史数据查询】【设备检修与故障上报】。客运管理主入口如图 4-2-15 所示。

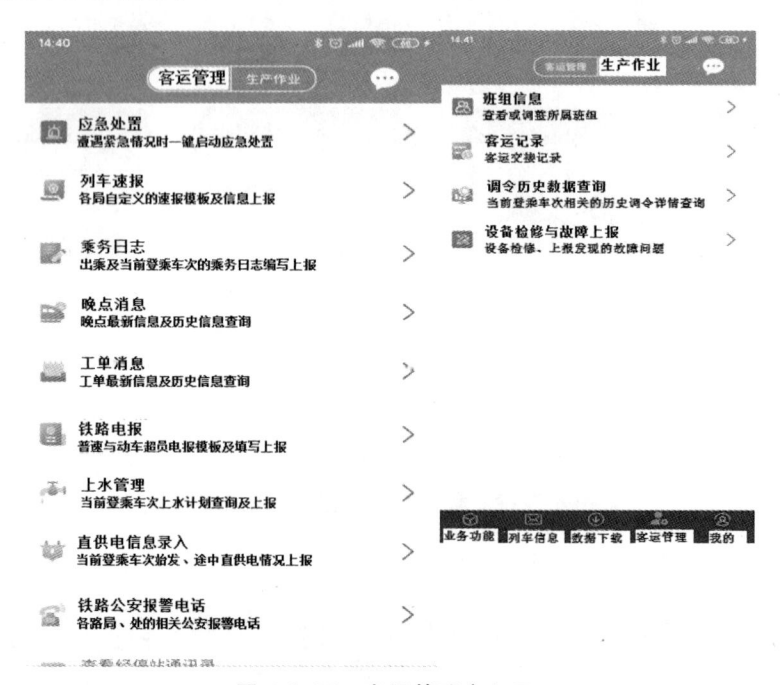

图 4-2-15　客运管理主入口

1. 乘务日志

客运管理系统中可编写上报出乘及当前登乘车次的乘务日志。具体的操作如下：

（1）点击业务操作界面的【乘务日志】，进入乘务日志主页后，选择【日志类型】及【出乘日期】，点击【添加】创建一份新的乘务日志。

（2）点击【出乘】进行出乘操作。

（3）点击【查询】或【更新】按钮查询或更新日志信息。

（4）点击日志查看详细信息及填报，详情界面点击右上角菜单键可以切换不同乘务信息界面进行填报。

2. 晚点消息提醒

操作员可收到语音及消息提醒，提示晚点消息，签收表示已读签收，未签收的消息隔段时间将会继续提醒；已签收的消息可查看消息记录。

3. 征信信息管理

客运管理系统可对旅客征信情况进行管理，包括填写上报和查询旅客征信信息。

（1）填写上报旅客征信信息。

点击【征信信息管理】，进入征信信息管理界面；点击【信息添加】，首次进入填报界面会弹出【人员基础信息】界面，要求确认当前上报人员的信息，不完整的须填写完成并提交后才能使用填报功能；根据界面内容点选或是填写对应信息，点击【确定】进入【征信事件信息设置】界面；选择事件类型，根据事件类型填报旅客信息。

乘客信息分为两类：一类是不需要添加信息的，没有"添加补票信息"按钮；另一类是需要添加信息的，根据信息点填写相应的信息。

若需要填写旅客身份证号，系统将在线进行身份证核验，核验通过后才可保存该旅客信息。乘客信息中带＊号的字段为必填项。

（2）未上传信息。

对于编辑好未上传的本地信息，点开本地保存的未上传信息，点击【上传】提交对应的信息。

（3）不良旅客信息查询。

客运管理系统中查询不良旅客的征信信息的方式有三种，分别为：本车次不良旅客查询、旅客姓名查询和证件号查询。

4. 客运记录

客运管理系统中设置有客运记录模板，列车长可以根据具体情况选择客运记录模板，进入客运记录详情页进行填报。

5. 调令查询

客运管理系统中可以查询当前登乘车次相关的历史调令详情及签收情况，具体操作如下：点击【调令历史数据查询】，选择【接收期间】，选择【调令状态】，点击【查询】按钮查询相关调令信息，点击单条调令状态，即可查看调令详情（包含签收功能）。

任务实施

1. 任务准备

（1）设备准备：仿真车站旅客服务信息系统、客运管理信息系统、站车无线交互系统，实训室，专业训练服（可着正装）。

（2）实训资料准备：相关客运岗位指导书、实训任务单、教材等。

（3）情景准备：实训前各小组查阅、收集资料，选择旅客信息查询、购票、进站、候车、乘降车、途中运行、出站等服务情景，情景中包括高速铁路客运服务人员、旅客。

（4）人员准备：实训分小组进行，每组6~8人，每小组做好人员分工。

2. 实施步骤

（1）正确使用铁路旅客服务信息系统。

（2）正确使用客运管理信息系统。

（3）正确使用站车无线交互系统。

（4）组内互查，教师总结并评分、评价。

3. 任务单

训练名称	高速铁路旅客服务信息系统使用训练		
班 级		姓 名	

1. 使用手持作业终端完成客运组织工作。
2. 完成站车交互系统客运管理系统相关内容。
3. 在规定时间各综合显示终端显示主要信息。
4. 使用车站综合显示终端为旅客查询乘车信息。
任务总结:

4. 效果评价

	项目	A-优	B-良	C-中	D-及格	E-不及格	综合
小组评价	旅客服务信息系统（20%）						
	客运管理信息系统（15%）						
	站车无线交互系统（15%）						
	团队合作（10%）						
教师评价	信息化服务（20%）						
	任务单（20%）						
	教师签名						

任务3 铁路客户服务中心系统运用

任务引入

客户服务中心的核心业务是业务咨询、投诉受理、求助服务、失物招领、综合资讯、客运营销、多元经营等服务功能。

请思考：如何应用铁路客户服务中心系统为旅客提供各种服务？

相关知识

一、铁路客户服务中心系统

铁路互联网服务系统以满足旅客的需求为出发点，在高度信息安全保障的基础上，建立客户与铁路服务者之间的沟通和互动渠道。以互联网接入方式，在旅客旅行的各环节中为其提供全方位的查询、咨询、订票、投诉等服务。铁路通过互联网开展宣传、信息发布、市场调查等业务。铁路客户服务中心系统的主要功能包括电子商务、信息/应用、旅行计划制订、娱乐、延伸服务、业务宣传、个性化功能、多通道访问、服务功能、系统管理等，如图4-3-1所示。

（一）铁路客户服务中心的主要职责

（1）负责受理电话、互联网、信件投诉，以及社会监督机构、上级单位和政府部门转来的投诉。

（2）组织客运站段及运输服务相关单位做好调查处理并反馈结果。

（3）汇总、分析本铁路运输企业管辖范围内的旅客投诉情况，提出改进意见和建议。

（4）定期与基层单位开展客服业务及人员培训交流，征求意见，编制，汇总典型投诉案例，并组织开展客服人员业务培训。

（5）受理职工对旅客投诉处理的申诉。

图 4-3-1 铁路客户服务中心网站

（二）客户服务中心系统语音服务

客户服务中心系统语音服务有自助语音、智能排队、座席分配、话务控制、视频控制、智能路由、智能机器人、消息管理、工单管理、班务管理、统计分析、质量管理、绩效管理、培训考试、现场监控、资源调度、权限管理、组织机构、工号管理、日志管理等。

1. 语音服务

语音服务时，先调"自助语音"自动处理语音求助。如果需要人工服务，则按"智能排队"规则，在CTI排队，由"呼叫控制服务器"负责按"座席分配"规则建立和管理呼叫的连接，将求助分给人工坐席，人工可以依据"话务控制"和"视频控制"的规则，为求助人员服务，也可以按"技能路由或智能路由规则"转到其他坐席。

2. 多媒体服务

多媒体求助服务时，经CTI排队后，由"多媒体控制服务器"按"座席分配"规则将求助分给人工座席，可调用"智能机器人"引导人工解决问题，或通过"消息管理"进行对话。

3. 工单服务

所有的语音、多媒体服务都形成工单，如业务咨询、投诉等工单，通过工单流转解答客户问题。

在客户服务中心按班次作业，按工号管理，根据繁忙程度对服务资源进行调度。

（三）客户服务中心系统服务受理流程

客户拨打铁路客户服务中心电话后，首先进入语音导航模式，客户根据自身需求选择需要的服务，若选择人工服务则转接人工台，由客户服务员为客户进行语音服务。

1. 语音客户服务中心系统架构

语音客服中心平台是基于计算机与电话集成（CTI）技术，结合电话、短消息、微信、Email、IP电话、可视电话、手机客户端、传真等多种接入方式，充分利用通信网和计算机网的最新技术，并与企业信息系统连为一体的综合性信息服务系统。

2. 电话服务

语音客户服务中心界面的正上方是电话功能，按"接听"接入客户电话服务，在下方显示工单信息，按"挂断"结束服务。

3. 邮件服务

界面左上方显示客服人员姓名、工号等信息，右上边显示收到新邮件，点击邮件在左边显示邮件内容，右边编辑回复邮件，按"发送"可发送回复邮件。

4. 微博、微信服务

微博、微信、在线客服和短信的格式一样，在左上部显示具体的对话方式，如屏幕显示"微信"，左边对方发的信息，右边是回答信息，如微信中包含语音，可按"发声"键。左下角显示视频信息，可以对视频进行放大缩小。可通过选择左边的菜单执行相应功能；右下方显示客户的信息(包括用户相片,信息来源客户关系系统),使客服人员可以根据客户的位置、状态以及最近接受的服务等信息,更准确和快速地满足客户服务需求。

客户服务员服务受理流程如图 4-3-2 所示。

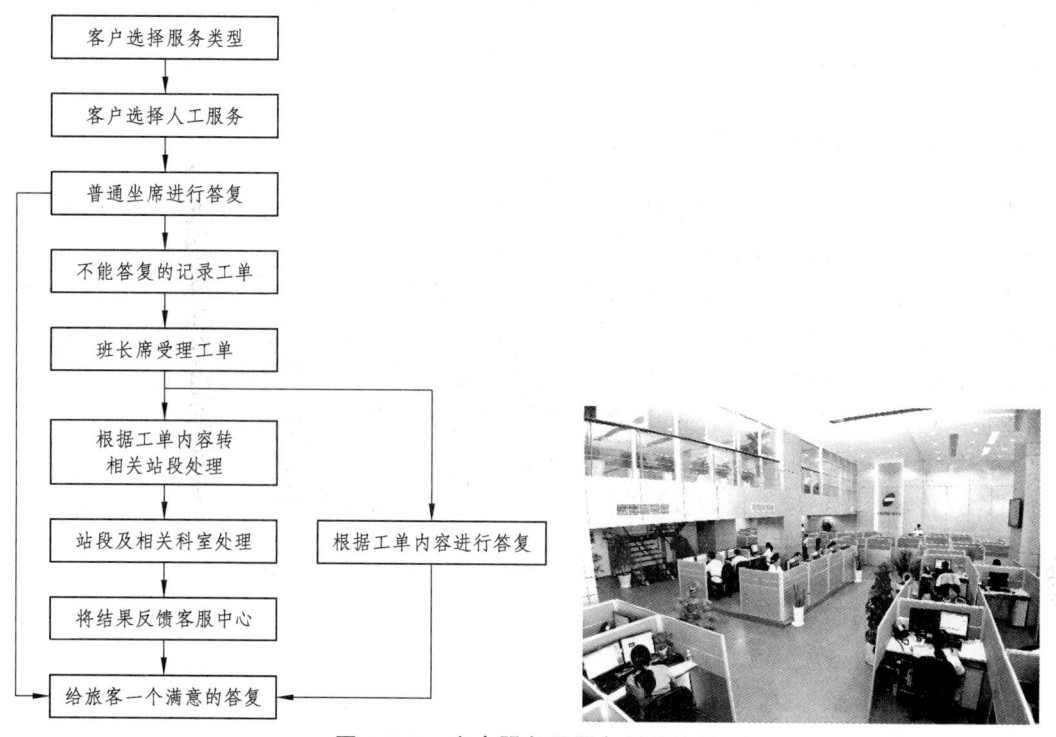

图 4-3-2　客户服务员服务受理流程

（四）客户服务中心服务业务类型

1. 解答咨询

准确解答客户提出的客运相关的各类问题,如铁路常识、购票问题、实名制注册等,并根据咨询问题类型,定期汇总、分析客户最关注的问题,及时上报,提出改进工作建议。

2. 应急求助

利用网络平台及资源优势,对遇到突发疾病、重点旅客、遗失物品等存在困难的旅客提供应急求助,成为旅客出行的依赖和保障。

3. 受理投诉与表扬

及时受理各类客户投诉问题,将问题记录成涉诉受理工单。传达到相关单位,对问题进行调查、追踪,督促相关单位尽快处理,待问题处理好之后对旅客进行回访,并根据投诉问题类型,定期汇总、分析各个工作环节的服务漏洞和薄弱点,对暴露出的突出、重点问题,及时通报和警示,发挥客户服务职能,提升服务质量。对客户的表扬信息进行登记,转发,成为客户表达心意的桥梁。

4. 电话营销

通过电话营销的方式,为旅客介绍高铁订餐服务、高铁快件服务、团体票服务及各类最新发布的营销信息。

5. 反馈建议

对旅客提出的各类意见和建议，分类汇总，将旅客的需求放在第一位，将旅客提出的合理意见纳入服务过程中。对旅客定期回访，热情接受社会各界的监督。

二、客运站车无线交互系统

铁路客运站车无线交互系统由列车便携式移动终端和地面设备组成。地面设备由在国铁集团和铁科院集团有限公司设置的客票信息发布服务器、与GSM和GSM-R网络互联的信息交互平台GPRS接口服务器、路由器及防火墙等设备组成，客票信息发布服务器与既有客票信息系统互联。列车便携式移动终端通过公用无线网（非公众网）经由信息交互平台，向客票信息发布服务器发送查询请求信息，客票信息发布服务器收到查询请求信息后，从客票系统获取该次列车席位等相关信息并反馈到列车便携式移动终端。

列车从车站开出后地面系统负责从客票系统获取乘车人数通知单、列车席位等相关信息，并通过无线传输，发送给指定的移动终端设备，列车长可通过无线终端机接收座位的出售情况，提高了列车席位的查询效率。

三、客运服务工单电子流转

客运服务工单电子流转是客户服务中心互联互通后的功能延伸，也是完善作业流程、优化服务效率、提升客运服务质量的重要手段。

1. 客运服务工单电子流转系统

客运服务工单电子流转系统由铁路客户服务中心系统、客运管理信息系统、客运站车无线交互系统3个子系统构成，可实现客户服务中心与站车之间投诉、重点旅客预约及遗失物品查找服务单的自动流转和全流程闭环处理。能够更及时地响应和处理客户诉求，减少线下人工处理环节，提高了工作效率。

2. 客运服务工单派发

客户服务中心根据工单内容判断责任单位，把工单流转到站段。由具有相关权限的用户对工单进行处理，站段签收工单后，根据业务内容进一步地把工单派发到下一级的科室/车队，由科室/车队对工单进行处理。

3. 站车无线交互系统工单查询

操作员收到语音及工单消息提醒后，点击进入工单列表，根据工单状态查看工单详细信息，系统中可查询当前登乘车次相关的历史工单详情及签收情况，系统中可查询的工单类型包括遗失物品工单、重点旅客工单两类。

重点旅客工单中可进行重点旅客工单的查看、反馈、接乘确认的操作。

遗失物品工单需要填写遗失物品明细，包括【遗失地点】【物品名称】，选择【捡拾日期】，选择【领取状态】（以上四项可以选填，但尽量填得精准一些），点击【查询】按钮查询遗失物品。查询遗失物品详情时，点击【详细信息】按钮查看详情。工单消息提醒与查询如图 4-3-3 所示。

图 4-3-3　工单消息提醒与查询操作界面

四、客运调度命令管理系统

车站客运计划室为客运调度命令管理部门，负责车站客运调度命令的签收、登记、摘录、复核、转发、执行和保管工作，客运调度命令的处理流程主要包括签收、登记、发布、项点摘录、复核、执行、保管环节。

1. 签　收

计划室接到集团公司"调度命令发布管理平台"发布的调度命令后实名签收。

2. 登　记

计划室接到调度命令后将涉及本站有关内容处理摘抄于原版调度命令下方，同时填写《调度命令登记簿》，按日期填写《日命令登记簿》。传真调度命令按同样要求进行登记。

3. 发　布

计划室将登记后的调度命令通过车站办公网"客调命令管理系统"向相关部门发布。

4. 项点摘录

计划室在系统中对调度命令添加相关项点及内容，用于系统统计筛选指定日期执行命令、待销号命令等。

5. 复　核

计划室发布、摘录调令后电话通知计划室相关人员复核，完成双人复核后正式下发各部门。

6. 执　行

接令部门在随时或规定时间节点浏览调度命令系统签收执行，经批示后传达现场执行。

7. 保　管

计划室设专卷按月保管调度命令纸质版和电子版，跨月命令要以最后执行日期为准进行保管，长期调令按有效期限保管。

8. 交　接

计划员交班时将本班所签收全部调度命令交接给接班计划员，接班计划员对前一班全部调度命令进行再次复核，复核内容包括调度命令是否接收齐全、摘录、分发、项点摘录、登记、执行是否正确。

9. 其他

遇有特提、特急调令（执行时间早于下一个签收时间节点或下一个签收时间节点来不及布置有关工作的客运调度命令）或其他特殊情况时，计划室要电话通知相关部门主管领导。

客运调度命令流转流程如图 4-3-4 所示。

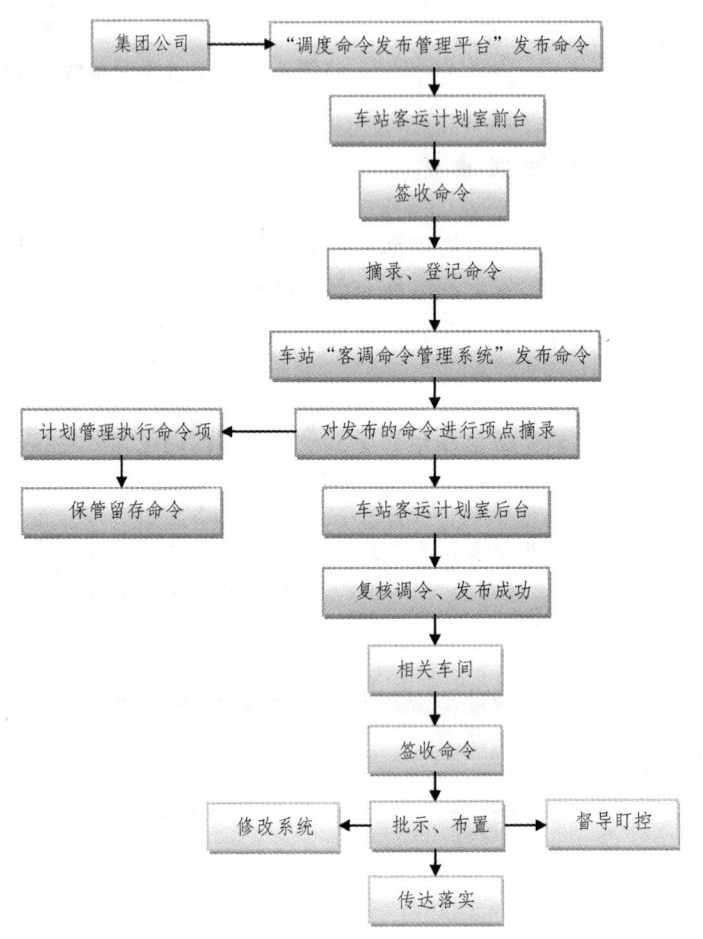

图 4-3-4　客运调度命令流转流程

客运调度命令格式如图 4-3-5 所示。

客 调 命 令						
2023年11月28日			第	65187 号	发令人：	
局别		分项		受令	时间	20:15
1	以下列车全程停办高铁快运业务： 1、2023年12月1日上海虹桥开G128、G1252/3/2、G132、G412、G1956/7、G126次，上海开G12、G130次，福州开G28次，苍南开G1228/5次，南昌西开G38次，合肥南开G268、G264次，温州南开G168次，杜州东开G32次，厦门北开G322次，青岛北开G192、G4962次，青岛开G190次，安庆开G162次。 2、2023年12月1日在京沪高铁开行的全部动车组列车，全程停办高铁快运业务。					

图 4-3-5　客运调度命令格式

任务实施

1. 任务准备

（1）设备准备：仿真客户服务中心系统、站车无线交互系统，实训室，专业训练服（可着正装）。

（2）实训资料准备：相关客运岗位指导书、实训任务单、教材等。

（3）情景准备：实训前各小组查阅、收集资料，选择旅客信息查询、购票、进站、候车、乘降车、途中运行、出站等服务情景，情景中包括高速铁路客运服务人员、旅客。

（4）人员准备：实训分小组进行，每组6~8人，每小组做好人员分工。

2. 实施步骤

（1）正确使用客户服务中心系统。

（2）正确使用客运管理信息系统。

（3）正确使用站车无线交互系统。

（4）组内互查，教师总结并评分、评价。

3. 任务单

训练名称	高速铁路客户服务业务训练		
班　级		姓　名	
1. 咨询服务处理。			
2. 求助服务处理。			
3. 客运服务工单电子流转操作。			
4. 正确处理客运调度命令。			
任务总结：			

4. 效果评价

	项目	A-优	B-良	C-中	D-及格	E-不及格	综合
小组评价	客户服务系统（20%）						
	客运管理信息系统（15%）						
	调度命令（15%）						
	团队合作（10%）						
教师评价	客户服务（20%）						
	任务单（20%）						
	教师签名						

复习思考题

（1）叙述高速铁路客票系统的架构。
（2）叙述高速铁路客票系统功能。
（3）高速铁路旅客服务信息系统包括哪些内容？
（4）高速铁路旅客服务信息系统有哪些功能？
（5）简述铁路客运管理信息系统功能。
（6）简述铁路客户服务中心系统功能。
（7）叙述铁路客户服务中心语音服务流程。

项目五 高速铁路客运服务

项目描述

高速铁路客运服务是通过客运人员向旅客提供安全、迅速、舒适的交通服务。高速铁路旅客运输服务必须树立"旅客至上"的理念。本项目主要介绍高速铁路智能客运服务、高速铁路重点旅客服务、旅客遗失物品处理、旅客投诉处理、军人优先及营销服务等。

学习目标

1. 素质目标

通过学习高速铁路客运服务的内容及要求,展示中华文明的精神标识和文化精髓,展现可信、可爱、可敬的中国形象。具有良好的服务意识和高度的工作责任心;具有良好的沟通能力和表达能力。

2. 能力目标

能够使用各种高速铁路客运信息系统为旅客服务;能够根据重点旅客服务需求为重点旅客服务;能正确处理旅客遗失物品;能及时处理旅客投诉;依法组织军人优先运输。

3. 知识目标

掌握高速铁路智能客运服务相关内容。掌握重点旅客和特殊重点旅客服务作业标准和流程;掌握旅客遗失物品服务工作要求;掌握旅客投诉处理要求;依法组织军人优先运输要求。

任务1 高速铁路智能客运服务

任务引入

随着信息化技术的高速发展,高速铁路进入智能服务的新阶段。高速铁路通过运用各种信息管理系统软件和硬件以及相关设施,与接发车能力相匹配,适应大流量、高密度、客流快速集散的需要,构建高速铁路智能化旅客服务系统。

请思考:如何正确使用高速铁路智能化旅客服务系统?

相关知识

高速铁路客运智能服务包括智能旅程规划及全行程提醒、全面电子客票及延伸服务、智能车站服务和智能列车服务,在电子客票售验检服务、车站智能导航及机器人服务、站车智能信息服务中达到旅客无障碍畅通出行、人性化自助化服务、安全实时监控、生产高效组织、全面绿色环保等服务目标。云计算、物联网、大数据、人工智能和机器人等关键技术依据车站的实际需求得到应用。

一、5G 智慧车站

智慧车站利用新型大数据平台，实现室内外定位、人流轨迹分析、票务数据汇总、实时监控等功能，通过室内蜂窝网络、大数据、人工智能、可视化等技术应用，5G 智慧车站能够让车站的运营管理工作变得更加智能化、数据化，以可视化的画面、可量化的数字帮助车站进行运营决策支撑、信息化改造以及客流价值转换。基于 5G 与终端的结合，实现对车站内客流的全方位数据采集，实现大客流预警、精准营销支撑等功能。

智慧车站系统通过"5G+MEC"专网与车站内的各业务系统进行数据交换，利用"5G+MEC"专网的高带宽、低时延传输特性并结合大数据，可提高车站旅客服务质量、扩展车站服务场景、逐步降低车站运营成本。车站内的 5G 服务机器人还可以为旅客提供余票查询、最优路径选择等互动式旅客服务；车站内的 VR 娱乐设备也可以为旅客提供云游戏等娱乐服务，满足旅客多样化的娱乐需求。

二、智能咨询服务

智能客服主要进行人机交互问答。旅客可使用语音或者文字咨询问题，机器人传递文字和语音信息，并结合图片、文字、音频、视频等媒体给旅客最完整的回复。客服人员通过建设、维护统一规范的数据库，可在微信、12306 移动端、微博等多个平台上为旅客提供服务，不受同一时间访问数量的限制。遇机器人无法回复时，转到人工坐席进行回复。

1. 公众号咨询服务

"12306"微信公众号上线后，旅客只要通过关注该公众号，即可在手机上获得车票的起售时间、所乘列车的候车室和检票口等列车开行信息和运行情况。旅客想要咨询的铁路乘车等问题，公众号也会自动给出解答。

2. 机器人导航

机器人内部植入海量的数据，涵盖站内导航、检票、行李搬运、自动柜员机、寄存、餐饮等综合信息，旅客可以在电子屏上直接点击对应图标查找相关信息，机器人可以用语音回答问题，为旅客提供更加实用、精准的服务。智能机器人系统陆续加入导航缩略图、热点图文说明、智能翻译、音视频解说等功能，让旅客出行更方便，如图 5-1-1 所示。

三、票务服务自助化

由于高速铁路的日发车频率相对较高，运输能力较充分，随到随走成了高速铁路旅客购票乘车的重要方式，售票服务自助化成为了高速铁路售票工作的主流。

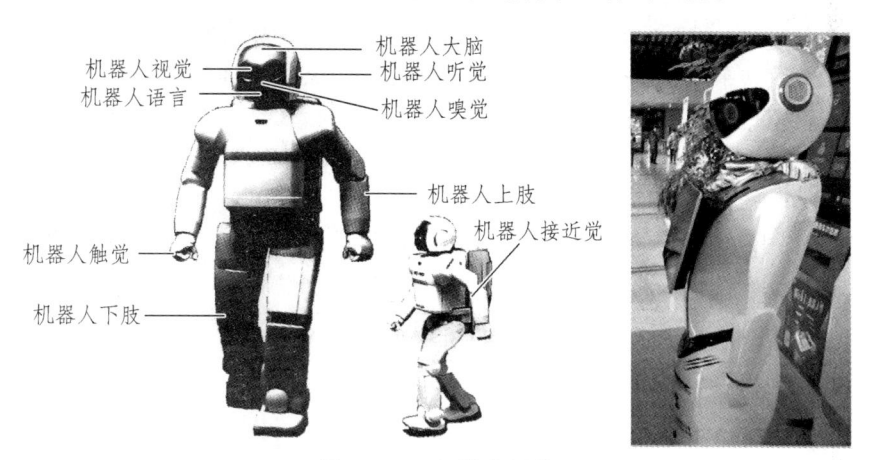

图 5-1-1 机器人导航

1. 自主选座

高速铁路动车组列车二等座采取的是"3+2"的座椅排列，A、F 表示靠窗座位，C、D 表示靠走廊座位，B 表示三人座位 ABC 中的中间位置。旅客通过 12306 网站或移动端购买的动车组列车车票时，可根据系统提供的座位示意图选择座位，当剩余座位无法满足旅客需求时，系统将自动进行配座。如不选择座席关系，直接点击"确定"，系统将自动为您分配席位，如图 5-1-2 所示。

图 5-1-2 自主选座

2. 接续换乘推荐方案服务

为方便旅客出行,12306 网站和"铁路 12306"移动端为旅客提供接续换乘的推荐方案服务,旅客购买接续换乘车票时,系统会推荐接续换乘方案供旅客参考,旅客可以按照推荐方案购票,也可以根据自己的需要购票。

为了确保旅客有足够的时间换乘,根据不同换乘方式,客票系统中设置了换乘推荐方案最少换乘时间,原则上同站换乘时间不少于 30 分钟,同一城市不同车站间换乘时间不少于 120 分钟。当遇到出发地和目的地之间的列车无票或没有直接到达的列车时,旅客可选择"接续换乘"功能,售票系统将向旅客展示途中换乘一次的部分列车余票情况,如果旅客选择购买,可以一次完成两段行程车票的支付。

3. 自助验检票服务

车站自动检票系统由集成管理平台获取检票车次、检票时间、候车室、检票口、检票闸机等信息,自动生成检票计划,并下发到相应的检票闸机。闸机检票车次、开始检票和停止检票指令要与综合显示和广播终端发布的信息相吻合。开始、停止检票时间的设置适应客流量和站场条件,进站口有提前停止检票时间的提示,开始检票或列车到站前,通告车次、停靠站台等检票信息。

四、站台安全智能服务

1. 地面标识智能引导系统

地面标识智能引导系统能够更加准确地显示车厢位置,不需要因车型变化而频繁改变地标位置;一趟列车只会在站台上显示一种车厢数字,解决了传统物理地标旅客排队时难以分辨的困难;因电子屏幕的照明亮度,能够使旅客更加明显地观察到排队地标的位置,从而减少了旅客因无法快速准确地找到地标而来回走动的安全隐患。

地面标识智能引导系统如图 5-1-3 所示。

图 5-1-3 地面标识智能引导系统

2. 站台升降式安全防护装置

站台升降式安全防护装置可通过控制按钮、遥控对讲机、配套的专用软件三种方式进行控制。能够实现旅客候车时，将旅客隔离在安全线内，防止旅客或行李物品侵入线路；列车到达停稳后，装置自动打开，不影响旅客上下车。有效降低了旅客在站台上的候车安全风险，减轻了旅客乘降组织压力。

站台升降式安全防护装置如图 5-1-4 所示。

图 5-1-4　站台升降式安全防护装置

3. 站台端部防侵入报警系统

车站站台端部防入侵报警装置可以对站台端部、站台端部进出股道区域的非法入侵等行为进行实时探测和报警。

车站站台端部防侵入报警系统由穿越探测单元、视频摄录单元、车站报警主机、服务器管理平台、移动接收终端等部分组成，可实现对站台端部全天候、自动化监控报警，实现针对人员、车辆、大型动物等目标物体进行热能量探测、对其活动行为进行检测，如穿越护栏、翻越护栏、跳入防区、爬行进入禁区、潜行进入防区、未经授权闯入禁区、单方向或多方向闯入行为的鉴别。还可实现视频录像举证，具有显著警示作用，有效约束入侵行为，为高铁运行和出行安全提供了有力保障。如果有闲杂人员误入高速铁路站台端部报警区域，红外线及雷达扫描将探测到的信息无线传输给系统管理平台及管理人员的手机终端，系统在给出现场灯光和语音报警同时，启动摄录一体机取证，为确认侵入行为提供视频依据，管理人员能第一时间通过手机上的视频监控平台和站台防穿越报警平台掌握现场情况并进行处理。

站台端部防侵入报警系统如图 5-1-5 所示。

图 5-1-5　站台端部防侵入报警系统

五、"无接触式"旅客遗失物品电子暂存柜

旅客遗失物品电子暂存柜的领取时间一般为 24 小时自助领取。旅客接到车站工作人员来电，核对身份及遗失物品信息无误后，取件密码以短信形式发送至旅客手机，凭取件密码，旅客可随时前往车站"无接触式"领取遗失物品。

"无接触式"旅客遗失物品电子暂存柜的出现，让旅客无须排队进站便可从暂存柜领回遗失物品，提高了旅客领取效率。

六、高速铁路动车组列车智能服务

1. 互联网特产配送服务

旅客通过中国铁路客户服务中心 12306 网站或移动端的方式预订地方特色产品，在乘坐高速铁路时由铁路工作人员将特产送到旅客身边。旅客在 12306 网订票成功后，网页会进行特产预订服务提示，旅客确认预订后可进入特产预订页面进行预订。此外，旅客也可以进入 12306 的"商旅服务"栏目单独预订特产，预订时需输入特产配送的车票信息和联系人信息。无座旅客预订特产时填写好乘坐车次、车厢号和收货人手机号，旅客可使用支付宝或微信支付货款。

2. 座位扫码订餐

动车组列车旅客座位的把手上贴有一个二维码，用微信扫一扫，点击"在线点餐"，进入菜单页面，里面有零食、盒饭、水果、饮料等几十个种类，套餐分多个价位，冰淇淋、爆米花等系列零食一应俱全。旅客通过扫描二维码，预订餐车吧台销售的商品后，30min 内将餐食送至旅客手中。推行座位扫码订餐使旅客在旅途中可以享受到人不离席点餐、限时送达的品质服务，免去了登录 12306 网站、手机客户端订餐的周折，以及必须预约点餐的限制。让旅客享受更为便捷的高速铁路订餐服务。扫码订餐如图 5-1-6 所示。

图 5-1-6　扫码订餐订单

3. 铁路畅行码

动车组列车旅客座位的把手上贴有铁路畅行码。铁路畅行码将旅客所乘列车的相关信息以及12306网站中最常用的功能集合在一起。扫码即可看到所乘列车的车次、日期、车厢号、席位号、始发终到站名、列车时刻表、终到站天气情况、正晚点信息、列车行驶轨迹等。包括餐饮服务、补票升席、遗失品查找、商务座服务、重点旅客、问题反馈、问卷·建议、信息服务、畅行商城等服务功能。还可以填写铁路旅客服务质量满意度测评调查问卷或对本次列车进行评价及建议。

铁路畅行码应用如图5-1-7所示。

图 5-1-7 铁路畅行码应用

任务实施

1. 任务准备

（1）设备准备：仿真智能客运设备、车站客票系统、旅客服务信息系统、旅客服务与生产管控平台、站车无线交互系统，实训室，专业训练服（可着正装）。

（2）实训资料准备：相关客运岗位指导书、实训任务单、教材等。

（3）情景准备：实训前各小组查阅、收集资料，选择旅客信息查询、购票、进站、候车、乘降车、途中运行、出站等服务情景，情景中包括高速铁路客运服务人员、旅客。

（4）人员准备：实训分小组进行，每组6~8人，每小组做好人员分工。

2. 实施步骤

（1）正确使用铁路客运智能设备。

（2）正确使用票务系统。

（3）正确使用动车组智能服务系统。

（4）组内互查，教师总结并评分、评价。

3. 任务单

训练名称	高速铁路客运智能服务训练		
班　级		姓　名	
1. 使用车站智能服务设备为旅客服务。			
2. 运用智能票务系统为旅客服务。			
3. 使用车站站台智能设备保障旅客安全。			
4. 动车组列车智能服务。			
任务总结：			

4. 效果评价

	项目	A-优	B-良	C-中	D-及格	E-不及格	综合
小组评价	智能设备（15%）						
	旅客服务系统（15%）						
	动车组智能服务（20%）						
	团队合作（10%）						
教师评价	智能服务（20%）						
	任务单（20%）						
	教师签名						

任务 2　高速铁路重点旅客服务

任务引入

高速铁路要重点关注，优先照顾，保障重点旅客服务，根据需求为特殊重点旅客提供帮助，有通报，有服务，有交接。

请思考：如何做好重点旅客服务工作？

相关知识

视力残疾旅客可以携带取得导盲犬工作证（载有导盲犬使用者信息，盖有公安部门或残疾人联合会公章，或带有国际导盲犬联盟标识"IGDF"），用于辅助视力残疾人工作、生活的导盲犬进站乘车。旅客进站、乘车时，须主动出示残疾人证、导盲犬工作证、动物健康免疫证明等证件，携带的导盲犬接受安全检查。

一、重点旅客服务设施

（一）车站重点旅客服务设施设置规范

高速铁路车站按规范设置无障碍设施设备，售票厅设无障碍售票窗口，特大、大型车站候车室设有重点旅客候车区和特殊重点旅客服务点（可与服务台等合设），位置醒目、便于寻找，并配备轮椅、担架等辅助器具。地市级以上车站候车区设置相对封闭的哺乳区，在检票口附近等方便的区域设置黄色标志的重点旅客候车专座，设有无障碍卫生间和无障碍电梯，盲道畅通无障碍。重点旅客服务设施如图 5-2-1 所示。

图 5-2-1　重点旅客服务设施

（二）旅客轮椅升降平台使用方法

（1）使用升降平台前，须打开电闸箱电源，确认设备处于通电状态，电闸箱绿灯亮起说明通电成功。

（2）检查升降平台及轨道状态，检查升降平台是否通电成功，平台设备是否完好，轨道是否平滑无异物。

（3）确认设备状态正常，使用遥控器对升降平台进行操作，将摇杆摇至"向下移动"处，从存放点移至上停驻点，升降平台会自动停止。

（4）升降平台到达上停驻点后，在上停驻点直接将遥控器摇至"向下移动"，平台处于合拢状态空驶至下停驻点，将渡板摆放至平台下方，将摇杆摇至"打开平台"，待平台完全打开后，将旅客运到升降平台上，将摇杆始终处于"向上移动"，直至将旅客运送至上停驻点，待护栏抬起，将旅客运下升降平台。平台使用完毕后，将摇杆摇至"关闭平台"，平台合拢完毕，将摇杆摇至"向上移动"，将平台空驶至存放点。

（5）设备使用完毕，确认平台在存放点停好后，关闭电闸箱电源。

旅客轮椅升降平台如图 5-2-2 所示。

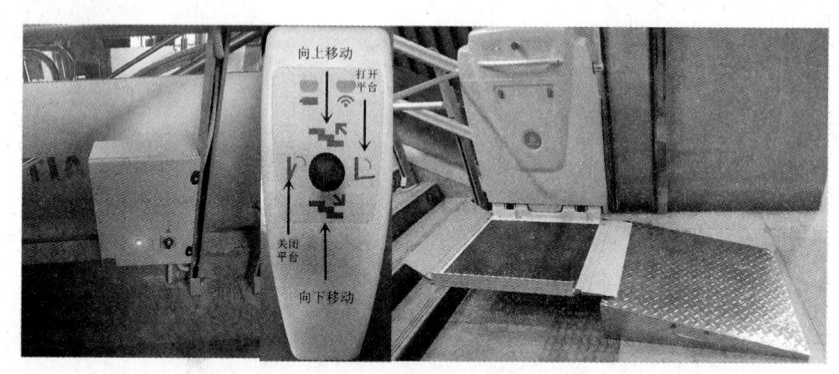

图 5-2-2　旅客轮椅升降平台

二、重点旅客服务

重点旅客是指老、幼、病、残、孕旅客。

（一）有人送站的重点旅客服务

1. 购票服务

（1）各售票窗口及大厅巡视人员及时发现重点旅客并主动提供帮助，引导至爱心窗口优先购票。

（2）发现需要送站的旅客时，告知旅客爱心送站卡办理流程、位置。

爱心接送站卡如图 5-2-3 所示。

图 5-2-3　爱心接送站卡

2. 进站服务

客运人员为符合条件的重点旅客同行人按照流程办理送站手续，告知注意事项，并引导其到相关候车区域候车。

3. 候车服务

加强候车厅的巡视，对有陪同人的重点旅客要做好引导。

4. 检票服务

检票口客运员在检票前进行宣传，对于重点旅客及其同行人优先安排检票进站，并与站台做好联系。

5. 送站服务

站台客运人员应对重点旅客做到重点关注，对同行人做好安全提示，必要时应与列车进行交接，并引导送站人员出站。

6. 出站服务

送站人员凭"爱心送站卡"出站，出站口人员做好凭证的核对、回收。

（二）有人接站的重点旅客服务

（1）各岗位工作人员发现有接站需求的人员时，告知旅客爱心接站卡办理流程、位置。
（2）客运人员对符合条件的接站人员按照流程予以办理接站手续，告知注意事项，引导到指定站台接站，并与站台客运人员做好联系。需从出站口进站的，客运人员须对接站人员做好安全检查。
（3）站台客运人员对接站人员做好引导及安全提示。
（4）接站人员凭"爱心接站卡"出站，出站口人员做好凭证的核对、回收。

（三）无人接送站的重点旅客服务

1. 购票服务

各售票窗口及大厅巡视人员及时发现重点旅客并主动提供帮助，引导至爱心窗口优先购票。

2. 进站服务

安检人员对安检进站时发现的重点旅客做好正确引导，旅客有需求时，积极协助联系客运人员提供帮助。

客运人员对验证排队进站的重点旅客要主动迎上，根据旅客车票信息，正确引导乘坐直梯，并通过对讲机与候车区通道巡视人员做好联系交接。

候车区通道巡视人员负责将重点旅客正确引导至重点旅客候车区或检票口，并与服务台人员或检票员做好交接。

3. 候车服务

加强候车厅的巡视，及时发现重点旅客，按照旅客需求引导至重点旅客候车区或指定乘车区域候车，并与服务台或候车区相关服务人员做好交接。

4. 检票服务

检票口工作人员在检票前要进行宣传，将重点旅客引导至人工通道，确认具备检票条件后，优先安排检票进站，并通知站台值班员或客运员，必要时由专人护送至站台上车。

5. 出站服务

站台客运人员应主动发现重点旅客，按需引导至相应出站口出站，必要时应引导乘坐直梯出站，并做好联系交接。

三、特殊重点旅客服务

特殊重点旅客是指依靠辅助器具才能行动等需特殊照顾的重点旅客。

（一）特殊重点旅客服务

1. 购票服务

（1）各售票窗口及大厅巡视人员及时发现特殊重点旅客并主动提供帮助，引导至无障碍窗口或爱心窗口进行接待服务；对符合购买"残疾人旅客专用票额"的旅客，凭相应证件，引导至售票窗口并协助购买"残疾人旅客专用票额"车票。

（2）对行动不便的旅客，售票窗口人员要在《重点旅客登记台账》上进行登记，对有送站需求，应与客运应做好交接，确保重点旅客顺利进站，做到重点旅客服务的无缝对接。

2. 进站服务

安检人员对安检进站时发现的重点旅客要做好正确引导，旅客有需求时，应积极协助联系客运人员提供帮助。

验证口客运员要热情上前，主动询问，如有同行人，协助办理送站手续，并由验证口值班员（或派专人）将其引导到重点旅客候车区，与服务台人员进行交接，安排到重点旅客候车区休息，做好登记交接。

3. 候车服务

（1）加强候车厅的巡视，及时发现特殊重点旅客安排至重点旅客候车区或指定乘车区域候车，并与服务台或候车区相关服务人员做好交接。

（2）服务台客运员认真填写《重点旅客登记台账》，如有同行人的协助办理送站手续。并将重点旅客情况报告给值班站长或值班员，填写《特殊重点旅客服务交接簿》，由值班站长或值班员进行签字确认。

（3）重点旅客候车区有服务对象时，轮椅固定，拐杖定置摆放，做好安全提示，并指派人员每15分钟巡视一次，应按需提供服务。

（4）及时提示特殊重点旅客乘车。

4. 乘车服务

由值班站长或值班员派专人负责护送特殊重点旅客检票上车，同时通知站台值班员与列车长办理签字确认手续，并将《特殊重点旅客服务交接簿》的"车站自存联"进行留存，在《重点旅客登记台账》上进行登记。

（二）列车移交特殊重点旅客服务

1. 提前接到通知的特殊重点旅客

（1）值班站长或值班员根据通知的车次、到达日期、车厢号、旅客的具体情况和服务需求（轮椅、担架、救护车、人工服务等），提前做好特殊重点旅客接站准备工作。

（2）站台值班员或客运员要认真核对好《特殊重点旅客服务交接簿》，妥善做好站车交接，组织专人安全稳妥地将旅客送出站，并将《特殊重点旅客服务交接簿》的"车站自存联"进行留存，在《重点旅客登记台账》上进行登记。

（3）重点旅客如需中转换乘时，由值班站长或值班员安排旅客到重点旅客候车区或重点旅客候车专座，指派专人协助办理购票或改签手续，并按照新的日期、车次、到站、席别重新填写《重点旅客登记台账》和《特殊重点旅客服务交接簿》；检票（站台）客运员根据需求做好送车及站车交接工作。

2. 列车临时移交的重点旅客

（1）站台值班员发现列车移交重点旅客时，应详细了解旅客服务需求，并及时通报值班站长或值班员。

（2）值班站长或值班员安排人员填写《重点旅客登记台账》（遇旅客需中转时一并填写《特殊重点旅客服务交接簿》）并组织人员妥善做好后续服务工作。

四、预约重点旅客的服务

旅客预约方式分为到站预约和来电预约（车站对外公布电话或12306客服中心）两种方式。对于直接与车站沟通进行预约的旅客，工作人员要将旅客需求、联系方式等相关内容在《重点旅客登记台账》上进行登记、交接，并按照特殊重点旅客服务流程提供相应服务。

（一）12306客服中心预约的重点旅客服务

（1）车站接到客运管理信息系统中流转的12306重点旅客预约工单后，要及时签收并派发给相关岗位。

（2）相关岗位接到车站派发的12306预约工单后，要于30分钟内及时接单，并在接单后立即与旅客沟通联系，核实服务内容，了解旅客需求；对预约服务为非当天乘车的，在第一时间与旅客沟通联系的同时，留存联系方式，做好对班交接，并于乘车日列车开车前 3 小时、列车到达前 2 小时与旅客进行二次沟通联系，再次进行确认，以免延误旅客出行。

（3）预约工单记载的旅客信息须在《重点旅客登记台账》上进行登记并做好交接。

（4）预约的重点旅客比照特殊重点旅客处理流程进行相应服务。

（二）重点旅客工单流转操作

1. 重点旅客工单查询

通过系统页面左边目录树，选择"重点旅客服务"目录下的"重点旅客查询（客服）"，进入"重点旅客查询（客服）"主界面，根据需要对重点旅客工单进行条件查询。

（1）查看重点旅客工单详情。

点击要查看详情工单所在行的"详情"按钮，即可弹出重点旅客详情窗口，查看完毕后，点击 即可关闭详情窗口。该页面为只读页面，即只能查看不能修改。

（2）按条件查询。

可按需求设置条件进行重点旅客工单信息查询。系统提供了受理日期、乘车日期、受理状态、受理方式、紧急程度、服务内容、旅客类型、派发状态、乘坐车次、工单编号、联系电话、下属车站、内容检索等字段的快捷查询，在以上字段中，进行条件设置后，点击"查询"，系统将按照设置的条件进行数据检索，满足条件的数据，将显示在查询结果列表中。

2. 重点旅客工单处理流程

重点旅客工单的受理状态有待签收、待服务、待处理、已完成、已退回五种。

（1）处理流程。

"待签收"的工单"签收"操作后，变为"待服务"；"待服务"的工单"服务"操作后，变为"待处理"；"待处理"的工单"处理"操作后，变为"已完成"。

（2）退回流程。

"待签收"的工单"签收"操作后，变为"待处理"；"待处理"的工单"退回"操作后，变为"已退回"。

重点旅客接人的结果有已接到人和未接到人两种类型。重点旅客工单的默认接人结果，可以在主页面"默认接人结果" 默认接人结果 已接到人 ▼ 中设置。

重点旅客工单处理操作如图 5-2-4 所示。

图 5-2-4 重点旅客工单处理操作

任务实施

1. 任务准备

(1) 设备准备：重点旅客服务设施、客运管理信息系统、模拟站台、模拟动车组、无线对讲设备、音视频记录仪，实训室，专业训练服（可着正装）。

(2) 实训资料准备：相关旅客身份证件、重点旅客服务客运员作业指导书、重点旅客服务工单、《重点旅客登记台账》《特殊重点旅客服务交接簿》、旅客爱心接送站卡、实训任务单、教材等。

(3) 情景准备：实训前各小组查阅、收集资料，选择重点旅客进站检票、旅客站台乘降车等情景，情景中包括高速铁路客运服务人员、重点旅客。

(4) 人员准备：实训分小组进行，每组6~8人，每小组做好人员分工。

2. 实施步骤

(1) 为重点旅客服务。

(2) 为特殊重点旅客服务。

(3) 为12306客服中心预约的重点旅客服务。

(4) 处理重点旅客服务工单。

(5) 组内互查，教师总结并评分、评价。

3. 任务单

训练名称	高速铁路重点旅客服务训练		
班级		姓名	

1. 为重点旅客办理爱心接送站卡。

2. 引导帮助重点旅客购票、进站乘车、出站。

3. 处理重点旅客服务工单。

4. 登记填写各种重点旅客服务台账。

任务总结：

4. 效果评价

	项目	A-优	B-良	C-中	D-及格	E-不及格	综合
小组评价	售票服务（15%）						
	候车服务（15%）						
	乘车服务（20%）						
	团队合作（10%）						
教师评价	重点旅客服务（20%）						
	任务单（20%）						
	教师签名						

任务3　高速铁路旅客遗失品服务

任务引入

高速铁路旅客在旅行途中，经常会发生携带物品遗失现象。铁路运输企业可依据相关法律、行政法规和有关规定对保管的遗失物品核收保管费。鲜活易腐物品和食品不负责保管。无人认领的遗失物品按国家有关规定处理。

请思考：如何做好旅客遗失物品服务工作？

相关知识

旅客遗失物品是由于旅客乘降车匆忙而遗留在铁路站车内的携带品（简称旅客遗失物品）。铁路售票窗口、自动售票机、安检口、手机充电站、候车座椅、站台候车室是车站容易遗失物品的地方。旅客遗失物品按类别主要分为证件类、票据类、携带品类。

一、旅客遗失物品处理规定

1. 列车发现旅客遗失物品的处理

发现旅客遗失物品应积极寻找失主。如旅客已经下车，应编制客运记录，注明品名、件数等移交下车站。不能判明时，移交列车前方站或终到站。

2. 车站处理旅客遗失物品

车站设失物招领处，并设有明显的招领标识。对本站发现或列车移交的旅客遗失物品，要及时登记、妥善保管，并在12306网站或车站进行公告。失主来领取时，应查验有效身份证件，核对时间、地点、车次、品名、件数、重量，确认无误后，由失主签收。

二、旅客登记遗失物品信息

旅客在铁路 12306 网站登记本人遗失物品信息时，登记内容包括：遗失物品类别、遗失车站/列车、遗失时间、物品内容、详情。铁路 12306 网站根据旅客登记遗失物品信息，与客管系统中车站登记遗失物品信息进行动态自动匹配。旅客在铁路 12306 网站登记本人遗失物品信息界面如图 5-3-1 所示。

图 5-3-1　旅客登记本人遗失物品信息界面

三、遗失物品转送

（1）旅客要求遗失物品通过铁路向其所在站转送时，物品在 5 千克以内的免费转送，开具客运记录，内附清单，物品加封，转交客运值班员、客运员与列车长办理交接并签认。

（2）遗失物品中的危险品、国家禁止或限制运输的物品、机要文件应及时联系遗失物品管理人员，及时移交公安机关或有关部门处理，不办理转送。鲜活易腐物品和食品不负责保管和转送。

（3）转送遗失物品在开具客运记录后，由服务台工作人员于系统内填记"遗失物品移交信息"，在"描述栏"内输入客运记录主要内容。

四、遗失物品处理

（一）站内捡拾的遗失物品处理

（1）工作人员在站内捡拾到遗失物品时，应及时移交服务台。对无法判明的遗失物品不得私自开封或拆开，由捡拾人或值班员联系民警到场进行安全确认，在确认物品中未夹带危险品、国家禁止或限制运输的物品、机要文件等后移交服务台。

（2）服务台对于其他人员移交的遗失物品做好统一登记和集中保管。

（3）在车站范围内捡拾到带有旅客身份信息、可现场寻找失主的遗失品（如证件类、票据类），及时联系服务台，利用广播反复播报失物信息，尽力寻找失主；若能确定旅客乘坐车次，联系列车长协调办理后续事宜。

（二）列车移交的旅客遗失物品处理

列车移交遗失物品时，站台客运值班员、客运员应认真核对品名、件数、包装及内含物品、数量、重量、交物人等信息，确认无误后，与列车办理签字交接，并在送车后立即交到失物暂存处。

（三）遗失物品暂存处处理

（1）旅客或其他人员移交遗失物品时，由服务台人员开具《拾得物品收据》，一式两联，一份自行留存，在系统内登记打印后、粘贴在遗失物品详细信息单上，一份交由捡拾人，方便旅客后期寻找。对于旅客交付的遗失品，在取得捡拾旅客同意后，记录其联系方式，于系统内登记并打印《遗失物品详细信息单》，以便后续建立捡拾旅客与失主间的相关联系。

（2）失物暂存处在收到旅客遗失物品后，应对遗失物品捡拾时间、地点、品名、件数、重量、包装及内含物品等相关信息在客运管理信息系统内进行详细登记，遇有类似遗失物品时，视情况区别登记，打印《遗失物品详细信息单》后，将《信息单》与遗失物品放置在一起保存，遇有车交客运记录时，将记录反向粘贴于《信息单》背面，进行留存。

（3）旅客来领取时，应查验其身份证件，核对时间、地点、车次、品名、件数、重量、包装及内含物品等信息，确认无误后，由旅客在《遗失物品详细信息单》上进行确认签收，并记录领取人、领取时间、身份证号码。对于旅客交付的遗失品，还应向失主提供捡拾旅客的相关信息，建立失主与捡拾者的联系。

（4）遗失物品应妥善保管，并在《旅客遗失物品交接簿》做好签认交接，将旅客遗失物品统一揽收、存放于遗失品库，方便旅客后期寻找。遗失品库应设立存放遗失物品专用柜，柜内应按遗失品种类设置标签，以便遗失物品管理人员集中登记管理，柜内物品不得擅自动用，日常应加锁存放。

（四）失物招领处处理

（1）遗失品管理人员建立《旅客遗失品登记台账》，遗失物品管理人员按月导出打印并做好留存。妥善保管遗失物品，不得动用。

（2）旅客来领取时或来信、来电、来人查询时须查验相关身份证件。领取时需要核对失物时间、地点、车次、品名、件数、重量，确认无误后，由旅客在《遗失物品详细信息单》上进行确认签收，并记录领取人、领取时间、身份证号码等信息。领取后，将领取的遗失物品编号、领取人、领取时间、身份证号码、经办人告知服务台，由服务台人员进行销号。已领取的《遗失物品详细信息单》由遗失品管理人员负责保管。

（3）遗失物品自收到日起，对一年内仍无人领取的物品在失物招领处外进行通告。通告应注明遗失物品的时间、地点、品名、件数等相关信息。通告一年以后仍无人领取时，应登记《处理旅客遗失品清单》，按月集中交至相关部门。

（五）遗失物品工单处理

（1）12306 客服中心遗失物品工单通过“客运管理信息系统”进行流转，各班组要指派专人进行系统管理，确保工单在流转 30 分钟内予以签收。

（2）由各班服务台工作人员负责，在接到工单通知后第一时间进行查找，于 6 小时内（23:00 ~ 次日 6:00 间可顺延）将遗失物品查找结果告知旅客并通过系统终端按照“找到”“未找到”“部分找到”在工单回复结果栏进行备注后结束工单。

遗失物品提示信息如图 5-3-2 所示。

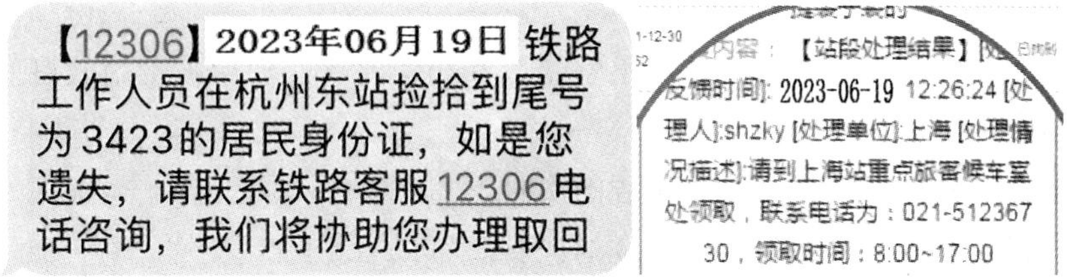

图 5-3-2　遗失物品提示信息

遗失物品工单如图 5-3-3 所示。

遗失物品详细信息					
遗失物品编号	2021050901650	是否已移交	未移交	是否已领取	未领取
站、车	列车	捡拾路局	北京铁路局	捡拾单位	天津客运段
车次	c2079	车厢号	2车	捡拾时间	2023-11-29 21:58
物品名称	水壶	物品类别	生活用品	物品数量	1
捡拾人		捡拾人联系方式		捡拾部位	
物品存放位置	天津站失物招领			保留有效期	2023 11-29~2025-05-28
物品存放位置电话	022-26193702				
遗失物品描述					
旧银色水壶一个（各处凹陷，真假，好坏不辨）					
【打印本页】【关闭窗口】					

图 5-3-3　遗失物品工单

五、旅客携带品损失处理

在铁路运送期间发生旅客携带品毁损、灭失时，铁路运输企业过错造成的，应当承担赔偿责任。

旅客在车站发现携带品损失时，应当在离开车站前向发生站声明；在列车上发现时，应当在下车前声明，由列车长开具客运记录交到站处理。

（一）携带品损失赔偿

旅客要求赔偿时，应当提交携带品内容、价格、携带进站乘车等有关证明。旅客证明其确已携带进站乘车，且能够确定携带品价格的，按下列规定赔偿。

（1）旅客出具发票（或者其他有效证明）证明购买价格时，以扣除物品合理折旧、损耗后的净值予以赔偿；

（2）以处理单位所在地价格评估机构确定的物品价格予以赔偿。

（二）索赔时效及纠纷处理

铁路运输企业与旅客因合同纠纷产生索赔或互相间要求办理退补费用的有效期为三年。有效期从下列日期起计算。

（1）随身携带品损失时，为发生事故的次日。

（2）给铁路造成损失时，为发生事故的次日。

（3）多收或少收运输费用时，为核收该项费用的次日。

责任方自接到赔偿要求书的次日起，一般应于30日以内向赔偿要求人做出答复，应当赔偿的，尽快办理赔偿。多收或少收时应于30日以内退补完毕。

任务实施

1. 任务准备

（1）设备准备：售票窗口、自动售票机、安检口、候车室、模拟站台、旅客遗失物品、客运管理信息系统，实训室，专业训练服（可着正装）。

（2）实训资料准备：相关旅客身份证件、遗失品客运员作业指导书、遗失物品服务工单、实训任务单、教材等。

（3）情景准备：实训前各小组查阅、收集资料，选择旅客找寻遗失物品、旅客遗失物品管理与服务等情景，情景中包括高速铁路车站客运服务人员、旅客。

（4）人员准备：实训分小组进行，每组6～8人，每小组做好人员分工。

2. 实施步骤

（1）找寻旅客遗失物品。

（2）旅客遗失物品管理。

（3）旅客遗失物品转交、交接、归还。

（4）遗失物品工单处理。

（5）组内互查，教师总结并评分、评价。

3. 任务单

训练名称	旅客遗失物品处理训练		
班　级		姓　名	

1. 根据旅客提供信息找寻旅客遗失物品。

2. 登记旅客遗失物品信息。

3. 处理旅客遗失物品工单。

4. 保管旅客遗失物品。

任务总结：

4. 效果评价

	项目	A-优	B-良	C-中	D-及格	E-不及格	综合
小组评价	找寻遗失品（15%）						
	登记遗失品（15%）						
	遗失品工单（20%）						
	团队合作（10%）						
教师评价	遗失物品服务（20%）						
	任务单（20%）						
	教师签名						

任务 4　旅客投诉处理

任务引入

旅客在享受优质服务的同时，对服务的期望值越来越高。作为高速铁路客运服务人员，应认真做好投诉处理工作，将旅客投诉带来的不良影响降到最低。有效地处理好旅客的投诉，是高速铁路客运服务工作的重要内容之一。

请思考：如何做好旅客投诉处理工作？

相关知识

旅客投诉处理应遵循"首诉负责、统一受理、依法合规、专业管理、客观公正、注重时效"的原则。

一、旅客投诉的概念及受理渠道

（一）旅客投诉的概念

旅客投诉是指在铁路旅客运输服务过程中，旅客对铁路运输企业所提供的服务不满意进行反映或提出解决诉求的行为。

（二）旅客投诉受理渠道

（1）铁路客户服务中心（简称客服中心）语音受理。
（2）客服中心通过客运管理信息系统流转的电子工单。
（3）客服中心通过邮箱流转的纸质工单。
（4）旅客来电、来信及现场质疑。
（5）社会监督机构、上级单位和政府部门等流转的投诉。

二、旅客投诉处理规定

（1）旅客有权就铁路旅客运输服务质量问题向铁路运输企业投诉，也可以向铁路监管部门投诉。铁路运输企业应当建立旅客运输投诉处理机制，设立电话、网络、信件等投诉渠道并对外公布，配备必要的投诉处理人员并保证投诉渠道畅通，运行良好。

（2）铁路运输企业应当在收到旅客投诉后3个工作日内答复受理情况，10个工作日内告知实质性处理结果，不予受理的，应当说明理由。铁路运输企业应当记录旅客的投诉情况及处理结果，投诉记录按规定时间保存。

（3）铁路运输企业应当认真研究旅客提出的服务改进意见建议，必要时主动沟通并作出答复。

三、投诉业务类型

客运方面的投诉包括以下类型。

1. 客运服务类

客运服务类投诉包括候乘组织、文明服务、制度落实、业务差错、设备设施、旅客伤害、运输组织、重点旅客服务、环境卫生、站车秩序等。

2. 售票服务类

售票服务类投诉包括售补票差错、售补票态度、制度落实、营业时间、售票组织、售票设备、违章违纪、代售点服务等。

3. 公安服务类

公安服务类投诉包括安全检查、公安制证、服务态度、制度落实、在岗履职等。

4. 餐饮服务类

餐饮服务类投诉包括餐饮质量、饮食卫生、服务态度、虚假宣传、餐饮收费等。

5. 售货服务类

售货服务类投诉包括商品质量、虚假宣传、收费标准等。

6. 保洁服务类

保洁服务类投诉包括服务态度、卫生清扫、制度落实、违章违纪等。

7. 延伸服务类

延伸服务类投诉包括行李搬运、小件寄存、收费标准、强制消费、服务态度、错误引导等。

8. 电子支付类

电子支付类投诉包括互联网支付等。

四、投诉受理

投诉受理工作应依据《铁路旅客运输规程》《铁路旅客运输服务质量监督监察办法》和《铁路旅客运输服务质量规范》等相关规定开展。值班室、服务台、售票口等岗位及站长热线负责受理旅客现场投诉、质疑。

（一）涉诉受理工单包含的内容

（1）投诉人姓名、联系方式、车票信息等。
（2）投诉问题发生的时间、地点、事由、诉求及投诉对象相关信息。

（3）可提供的有关证据。
（4）涉诉部门处理结果。
（5）责任部门投诉处理人、相关专业领导签字。

（二）不按投诉受理情况

遇以下情况不按投诉受理，相关部门做好法律、法规、规章制度的解释工作。
（1）经行政、司法、公安、仲裁机构受理或双方达成协议，无新投诉事由的。
（2）违反法律法规、铁路规章制度，或对铁路规章制度、作业流程不理解、误解的。
（3）因不可抗力、非铁路责任或旅客自身原因造成的。
（4）不属于铁路旅客运输服务范围的。
（5）投诉已办结，无新投诉事由的。

五、投诉处理

在投诉处理过程中，涉诉部门的投诉处理人员应相对固定，在与旅客电话沟通时，应使用视频记录仪记录回复过程。

（一）投诉处理

（1）对12306客服中心利用客运管理信息系统流转的电子投诉工单，由站段相关主管业务科室负责签收，并派发至各相关涉诉部门，涉诉部门应在站段相关主管业务科室派发30分钟内予以接单，由主管干部负责对投诉内容进行核实处理，并按照规定时限在系统内予以回复，同时按照《××车间×月×日××工单问题回复》相关格式将回复文档及音视频相关资料同步上传。

（2）对值班室、服务台、售票口等岗位及站长热线受理的旅客现场投诉、质疑，要记清具体的投诉内容、投诉对象以及投诉人本人姓名、联系方式等确定信息，在《旅客投诉登记台账》上予以登记，按照首问首诉负责制的原则，妥善进行协调解决。对接合部问题应及时向本部门进行反馈，将问题报主管业务科室，由主管业务科室负责将问题向涉诉部门进行流转。

（3）对于旅客现场投诉以及要求在2小时内予以回复的时效性要求较高的投诉，应在正常流转的同时，使用电话直接通知值班室、服务台、主任值班口立即调查处理。

（4）收到各类投诉后应高度重视，认真对待，立即开展调查、收集证据，与旅客沟通了解情况。确属车站责任的，应设法纠正错误，取得旅客谅解，消除不良影响；造成经济损失的，应严格按有关规定处理。不属于投诉受理范围的或非车站责任的，应做好解释说明或提出处理建议。

（5）涉及动车组列车商务座、常旅客服务等问题的调查处理，以及重点服务质量、旅客人身伤害等问题的调查处理应由站段车间干部亲自与旅客进行沟通，处理结果原则上应在24小时内，其他调查处理结果应在48小时内反馈相关主管业务科室，特殊情况需延长调查处理期限的，应说明原因。

（6）各部门要对旅客的身份信息、联系方式、投诉内容、处理结果、考核情况等资料做好保护管理。受理投诉的所有记录及有关资料需保存完整，以备查阅。

（二）投诉办结

具有下列情形之一的，视为投诉办结。

（1）被投诉部门与旅客之间达成一致意见，投诉问题得到妥善解决的。

（2）旅客不认可投诉处理结果或对投诉处理不服的，但经集团公司业务主管部门认定处理结果依法合规的。

（3）经调查核实，不属于投诉受理范围，或投诉不成立的。

六、旅客投诉工单的处理

（一）旅客投诉工单的受理状态

旅客投诉工单的受理状态包括待签收、待处理、待审核、待回访、已完成、已退回六种状态。

（1）未受理——服务单录入后的状态。

（2）受理中——点击"受理"按钮后未进行下一步流转期间的状态。

（3）待签收——流转至"客管系统"后的服务单状态。

（4）待反馈——在"客管系统"站段工作人员对服务单进行了签收后的状态。

（5）待回访——站段工作人员返回了处理结果。

（6）已完结——服务单结单。

其中待审核是客运管理信息系统内部状态，投诉工单用户有指挥中心、科室/车队两种类型用户。

（二）站段指挥中心处理工单

站段指挥中心用户接收到客服中心流转来的新工单（初始受理状态为待签收），签收后（受理状态变为待处理），判断是否是本单位的工单，如果不是，退回到客服中心，如果是，则根据内容派发到相关科室/车队，也可直接处理。

（三）科室/车队用户处理工单

科室/车队用户接收到派发的工单，判断是否是本科室/车队的工单，如果不是退回到指挥中心，由指挥中心重新派发，如果是则进行处理，处理结果返回到指挥中心，工单受理状态变为待审核。

指挥中心用户审核后，结果返回客服中心，工单受理状态变为待回访。等待客服中心将回访结果反馈给客管系统，该工单受理状态变为已完结。旅客投诉工单界面如图5-4-1所示。

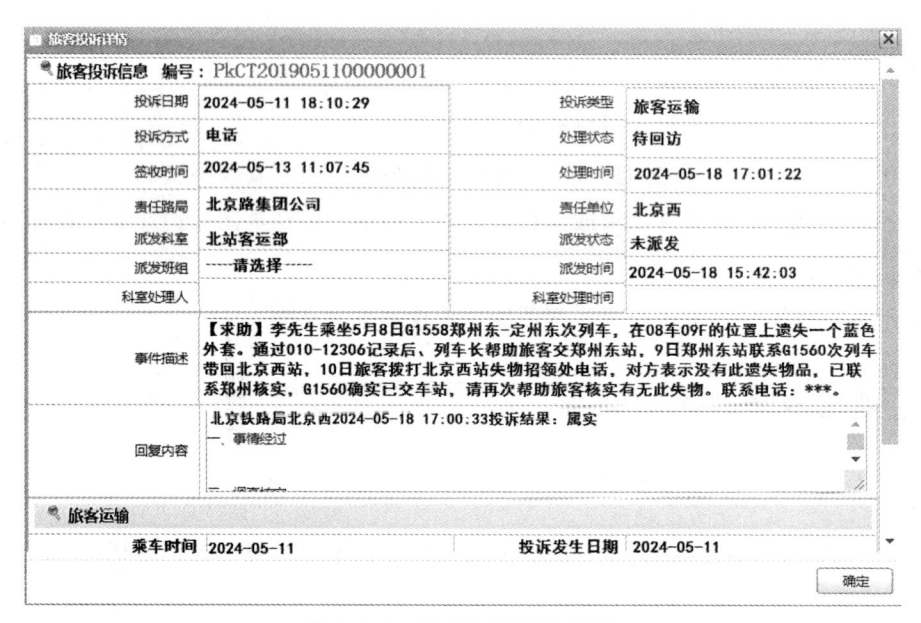

图5-4-1 旅客投诉工单界面

任务实施

1. 任务准备

（1）设备准备：售票窗口、安检口、候车室、模拟站台、客运管理信息系统，实训室，专业训练服（可着正装）。

（2）实训资料准备：相关旅客身份证件、相关岗位作业指导书、旅客投诉工单、实训任务单、教材等。

（3）情景准备：实训前各小组查阅、收集资料，选择售票服务、客运服务、延伸服务旅客投诉处理等情景，情景中包括高速铁路客运服务人员、旅客。

（4）人员准备：实训分小组进行，每组6~8人，每小组做好人员分工。

2. 实施步骤

（1）客户服务中心受理旅客投诉。

（2）售票口受理旅客投诉。

（3）服务台受理旅客投诉。

（4）投诉工单处理。

（5）组内互查，教师总结并评分、评价。

3. 任务单

训练名称	旅客投诉处理训练		
班　级		姓　名	
1. 客户服务中心语音处理旅客投诉。			
2. 车站售票口处理售票服务方面旅客投诉。			
3. 服务台处理车站客运服务方面旅客投诉。			
4. 处理旅客投诉服务工单。			
任务总结：			

4. 效果评价

	项目	A-优	B-良	C-中	D-及格	E-不及格	综合
小组评价	投诉受理（15%）						
	投诉处理（15%）						
	投诉工单（20%）						
	团队合作（10%）						
教师评价	投诉处理（20%）						
	任务单（20%）						
	教师签名						

任务5 节假日与军人优先运输服务

任务引入

节假日旅客运输和新老兵运输除做好相应的客流调查工作外,还需要有针对性地进行加开旅客列车或动车组重联以及票额调用等运输组织工作。交通设施的管理单位应当为现役军人的通行提供优先服务,按照规定给予优待。

请思考:如何做好节假日、新老兵与军人优先运输服务工作?

相关知识

一、节假日旅客运输组织

我国全体公民法定放假的节日包括元旦、春节、清明节、劳动节、端午节、中秋节和国庆节。节假日期间整体客流量和客流高峰期数量越来越多,给铁路旅客运输组织与管理带来了巨大的挑战。这就要求铁路部门在运输组织、站车管理、临客组织、动车组运用及安全管理和治安保卫等方面适应节假日旅客运输的特点。

(一)节假日客流调查

节假日客流调查的目的是安排好节日旅客运输方案以及做好各项组织工作。包括制定节假日期间临时旅客列车开行方案、编制节假日旅客运输计划和售票服务组织工作等。

铁路根据节假日客流调查情况,组织开行一定数量的临时旅客列车,临时旅客列车开行方案、票额的组织利用,结合客流调查情况对节假日运输组织更有针对性。

暑期运输和春节运输是一年当中客流高峰持续时间最长的节日运输。客运组织部门应做好春、暑运期间客流信息的调查收集、分析、处理工作,加强客流动态统计、分析和预测,对旅客列车上座率、单程和往返运送量、区段旅客最高密度、区段旅客最低密度,分车次、区段进行统计分析,提前做好客流计划和运能调整。

(二)节假日客运组织

1. 根据客流变化及时空分布的特点,合理配置运力

动车组列车必要时重联运行,客运量大的始发站或中转站需要备用车底。增加运输组织弹性,确保客流没有大的积压,并做到有流开车、无流停运。

2. 组织旅客均衡输送,严格控制列车超员率

由于春、暑运期间客流的增加往往是单方向的,必须组织均衡运输,严格执行旅客计划运输的有关规定。各车站、列车要密切配合,坚持验票进站、上车,严格控制列车超员率,以确保运输安全。

3. 改进售票方式，加强客运组织

做好车票预售、预订组织工作，高峰期客流在时间、方向上的不均衡性，不仅会造成单方能力的空费，还会增大对运能的需求量。

根据客流高峰情况，采取延长售票时间、增设售票窗口等措施，增加售票能力。车站自动售、取票机数量满足售票需要，安排专人进行维护，确保运行正常。

4. 组织旅客有序乘降

客流高峰期旅客乘降工作组织是铁路运输组织与管理的重点。除了充分发挥车站现有设备能力，提高客流在站内的通行效率外，还可以将站前广场纳入整个旅客乘降组织中去，将其与站房、进出站通道、站台等设备综合考虑并采取措施，将候车室延伸到站前广场，并利用栅栏和工作人员将各客流分开，减少交叉干扰等目的，提高车站办理旅客运输综合能力，实现旅客有序乘降。

二、新老兵运输组织

新老兵，是指依照《中华人民共和国兵役法》和国务院、中央军委的命令和指示，被征集入伍前往解放军和武装警察部队服现役的新兵和服役期满退出现役返乡的老兵。

1. 新老兵运输管理

新老兵运输工作任务繁重并具有涉及部门多、新兵集中、老兵分散、时间紧、要求高、组织工作难度大的特点。铁路部门坚持优先运输的原则，统筹安排，周密计划，精心组织，严格管理，均衡运输，尽全力做好新老兵运输服务的乘降组织、后勤保障等各项工作，确保新老兵运输工作安全正点、服务优质、安全有序地进行，圆满地完成运输任务。

2. 新老兵运输计划

同一单位新兵和接兵干部人数达到规定人数且乘车日期、车次、发到站相同的运输纳入军事运输计划；从征集地车站始乘的新兵和接兵干部不足规定人数的铁路运输纳入购票计划。

从驻地车站始乘的老兵和送兵干部的铁路运输，同一单位老兵和送兵干部同行人数达到规定人数以上，且中转日期、车站和车次相同的铁路运输，按照购票计划办理，其余按自行购票办理。

3. 退伍战士行李托运

退伍战士托运的行李、物品等，车站应予以优先受理，优先装车，及时中转，不得积压，力争人到行李到，到后免费保管。

（1）退伍战士随身携带的行李、物品、书籍等，准予免费携带35千克，超过免费携带部分，按规定办理托运手续。

（2）购买客票的凭退伍证，于乘车前3~5日到车站办理托运手续，50千克以内按行李计费，在老兵退伍期间，有条件的车站应派人到部队驻地，集中为退伍战士办理托运，托运

手续一人一票。

（3）老兵乘车时，随身携带的物品和托运的行李严禁夹带武器、弹药和其他易燃、易爆危险品。在行李包装外面，应标明发站、到站、发货人、收货人姓名和详细地址，并注明"老兵行李"字样。

三、军人优先出行服务

为健全完善军人依法优先出行相关政策措施，保障军人依法优先权利，推动军人荣誉制度体系建设，铁路车站开展军人出行优先服务工作。

（一）军人优先相关法律法规摘要

1.《中华人民共和国国防法》第五十一条第二款

企业事业单位应当按照国家规定，在交通建设中贯彻国防要求。车站、港口、机场、道路等交通设施的管理单位应当为现役军人和军用车辆、船舶的通行提供优先服务，按照规定给予优待。

2.《中华人民共和国兵役法》第五十七条第四款

现役军人、残疾军人参观游览公园、博物馆、展览馆、名胜古迹享受优待；优先购票乘坐境内运行的火车、轮船、长途汽车以及民航班机；其中，残疾军人按照规定享受减收正常票价的优待，免费乘坐市内公共汽车、电车和轨道交通工具。义务兵从部队发出的平信，免费邮递。

3.《军人抚恤优待条例》第三十六条第一款

现役军人凭有效证件、残疾军人凭《中华人民共和国残疾军人证》优先购票乘坐境内运行的火车、轮船、长途公共汽车以及民航班机；残疾军人享受减收正常票价50%的优待。

（二）优先对象内容及范围

1. 优先对象

优先对象包括军队人员及其随行家属。军队人员暂定为：中国人民解放军和武警部队现役军人、文职人员、军队离退休干部、革命伤残军人。可享受优先政策的随行家属数量原则上不多于2名。

2. 优先内容及范围

军人依法优先包括军人依法优先购票（设立军人依法优先购票专口）、军人依法优先验证验票（设立军人依法优先验证口）、军人依法优先安检（设立为军人依法优先安检口）、设立军人候车专区（利用止步带采取软隔离方式，将军人候车区与旅客候车区划分开来）、军人依法优先检票（检票作业提前宣传，将军人作为重点旅客优先检票进站，并做好解释工作。日常作业，在检票前小区广播中增加"军人依法优先"相关内容）、设立"军人依法优先"标识。

任务实施

1. 任务准备

(1) 设备准备：售票设备、安检设备、候车室、模拟站台，实训室，专业训练服（可着正装）。

(2) 实训资料准备：相关旅客身份证件、相关岗位作业指导书、实训任务单、教材等。

(3) 情景准备：实训前各小组查阅、收集资料，选择节假日旅客运输组织、军人旅客运输服务等情景，情景中包括高速铁路客运服务人员、旅客。

(4) 人员准备：实训分小组进行，每组6~8人，每小组做好人员分工。

2. 实施步骤

(1) 节假日客流调查。

(2) 节假日旅客运输组织。

(3) 新老兵运输组织。

(4) 军人优先运输组织。

(5) 组内互查，教师总结并评分、评价。

3. 任务单

训练名称	节假日和军人优先运输服务训练		
班 级		姓 名	

1. 结合车站吸引范围调查节假日客流情况。

2. 车站各岗位节假日客运服务。

3. 车站各岗位为新老兵运输服务。

4. 车站各岗位为军人旅客优先服务。

任务总结：

4. 效果评价

	项目	A-优	B-良	C-中	D-及格	E-不及格	综合
小组评价	节假日运输（15%）						
	新老兵运输（15%）						
	军人优先服务（20%）						
	团队合作（10%）						
教师评价	运输服务（20%）						
	任务单（20%）						
	教师签名						

任务6　高速铁路客运营销服务

任务引入

高速铁路客运营销的核心是旅客的需求。旅客列车的开行、票额组织、经营服务、商务旅客服务以及高铁快件运输都需要围绕旅客的需求来进行。铁路运输企业应该不断推出符合各层次旅客需求的产品，提供差异化营销服务。

请思考：如何做好旅客运输营销服务工作？

相关知识

铁路常旅客服务

一、高速铁路客运产品概述

铁路旅客运输既有一般生产部门的特征，又有服务行业的属性，铁路运输部门在旅客运输产品定位和开发中，逐渐将"服务"理念贯穿于旅客运输生产全过程中，不断提高服务质量，满足旅客的需要。

产品是企业进行一切经营活动的目标，可以从核心产品、形式产品和附加产品三个层次来认识产品。铁路客运的核心产品是旅客位移，其他服务内容则是依附在核心产品之上、针对不同旅客出行需求而设计的。

1. 核心产品

核心产品是为满足旅客位移目的而提供的最基本的客运产品，内容包含与旅客位移相关的特征因素，有位移服务的时间性、便捷性（如发车间隔、换乘条件）、舒适性（如列车种类、等级、席别）等。

2. 形式产品

形式产品是运输企业将客运产品提供给市场的一种形象载体，是旅客可以直接感知到的产品内容，主要指车票种类（如折扣票、团体票等）及定价策略（如针对购票时间先后，退票、改签不同服务限制或不同旅客类型的差别定价）等。

3. 附加产品

在核心产品和形式产品之外为旅客提供的购票、候车、乘降、引导、信息、餐饮等延伸服务，是衡量旅客满意度和铁路综合服务质量的重要手段。

组合产品是核心产品、形式产品、附加产品中不同产品要素进行组合而成的最终产品。因此，旅客乘坐高速列车出行购买的客运产品，不再是简单的位移，而是一种组合产品，多样化的组合产品是满足旅客差异化和个性化需求的关键。

二、客运营销辅助决策系统

铁路客运营销辅助决策系统是面向铁路内部经营管理人员的应用系统，以铁路运力资源为基础，以客运市场变化为依据，形成客运市场调查与分析预测、运营策划、分析与评价 3 个部分。

1. 主要功能

车站主要使用该系统进行旅客发送量的历史数据统计（可分站、分线、分时段、分方向、分车次等对出发、到达客流进行统计）、分车次运能利用率统计分析（为调图、节假日等提报列车优化方案以及日常列车利用情况分析提供数据参考）、各次列车实时预售统计（节假日等重点时期掌握列车实时预售情况，辅助现场作业）。

2. 数据来源

营销辅助决策系统数据来源于计划管理模块。

三、高速铁路客运产品定价

高速铁路运输企业开展营销活动时，应在国家宏观调控下，根据市场经济和铁路运输的规律，采取适当的价格调整策略，增强市场竞争能力。

动车组列车票价用给定的票价率、运价里程，根据车厢等级不同，按不同公式计算。

（一）时速 200~250 公里动车组列车票价的计算

1. 普通动车组座车公布票价计算公式

一等座车公布票价=0.3366×（1+10%）×运价里程
二等座车公布票价=0.2805×(1+10%)×运价里程

2. 普通动车组列车特等座、商务座等席别公布票价

按不同席别占用面积和既有动车组列车票价，特等座、商务座、一等包座、观光座公布票价的计算公式为：

特等座公布票价=0.2805×(1+10%)×1.8×运价里程
商务座公布票价=0.2805×(1+10%)×3×运价里程

一等包座、观光座按商务座公布票价执行。

3. 普通动车组软卧公布票价

普通动车组软卧公布票价的计算公式为：
软卧上铺公布票价=0.3366×(1+10%)×1.6×运价里程
软卧下铺公布票价=0.3366×(1+10%)×1.8×运价里程

4. 普通动车组高级软卧公布票价

普通动车组高级软卧公布票价的计算公式为：

高级软卧上铺公布票价=0.3366×(1+10%)×3.2×运价里程

高级软卧下铺公布票价=0.3366×(1+10%)×3.6×运价里程

（二）时速 300~350 公里动车组列车票价

时速 300 公里及以上动车组列车实行票价浮动。

（三）动车组列车票价优惠

1. 动车组列车学生优惠票票价

学生优惠票可享受动车组列车二等座票价优惠。动车组列车学生优惠票票价按二等座公布票价的 75%计算。

2. 动车组列车儿童优惠票票价

按《铁路旅客运输规程》等有关规定享受减价优待的儿童、学生、伤残军人乘坐动车组时，其票价均以公布票价为基础计算。

（1）动车组软座儿童优惠票票价按公布票价的 50%计算。

（2）动车组软卧儿童优惠票票价

动车组软卧儿童票价=动车组软卧公布票价 -动车组一等票价/2

依据《关于明确动车组儿童卧铺票价计算有关事项的通知》，在运价里程不足 400 公里时，公式中扣减的动车组一等座公布票价均按 400 公里处公布票价计算。

3. 动车组列车伤残军人优待票票价

动车组软座、软卧伤残军人优待票票价按公布票价的 50%计算。

（四）动车组列车票价折扣

时速 200~250 公里动车组列车票价可按公布票价打折，但应符合下列条件。

（1）根据不同区域、不同季节、不同时段的市场需求，实行不同形式的打折票价。

（2）二等座车公布票价打折后不得低于相同运价里程的新空软座票价。在短途，公布票价低于新空软座票价时，按公布票价执行。70 公里及以下运价里程的动车组不进行任何形式打折优惠，一律按公布票价执行。

（3）经过相同径路，相同站间、相同时段，不同车次应执行同一票价。

（4）同一车次，各经停站的票价在里程上不能倒挂。

（5）一等座车与二等座车的比价在 1:（1.2~1.25）之间。

（6）动车组特等座、商务座、一等包座、观光座票价可按公布票价打折，但特等座折后票价不应低于一等座公布票价，商务座、一等包座、观光座折后票价不应低于特等座公布票价。

（7）动车组软卧票价可按公布票价打折，但打折后不得低于相同运价里程的新空软卧票价。

（8）动车组高级软卧票价可按公布票价打折，但打折后不得低于相同运价里程的动车组软卧票价。

（9）当计算出的动车组学生优惠票价、动车组儿童优惠票价、动车组伤残军人优惠票价高于动车组折扣票价时，动车组学生、儿童、伤残军人优惠票价按动车组折扣票价执行。

【例5-6-1】运价里程1217 km的动车组二等座车票价。

解：二等座车公布票价=0.2805×（1+10%）×运价里程
=0.2805×（1+10%）×1217
=375.505≈375.50（元）

实收票价为即日票价浮动时按浮动后票价执行。

【例5-6-2】运价里程1217 km的动车组一等座车票价。

解：一等座车公布票价=0.3366×（1+10%）×运价里程
=0.3366×（1+10%）×1217
=450.606≈450.50（元）

实收票价为即日票价浮动时按浮动后票价执行。

【例5-6-3】运价里程1153 km的动车组软卧上铺票价。

解：动软卧（上）公布票价=0.3366×（1+10%）×1.6×运价里程
=0.3366×（1+10%）×1.6×1153
=683.055≈683.00（元）

实收票价为即日票价浮动时按浮动后票价执行。

【例5-6-4】运价里程1985 km的动车组高级软卧下铺票价。

解：动高级软卧（下）公布票价=0.3366×（1+10%）×3.6×运价里程
=0.3366×（1+10%）×3.6×1985
=2645.87796≈2646.00（元）

实收票价为即日票价浮动时按浮动后票价执行。

【例5-6-5】运价里程258 km的动车组二等座学生优惠票价。

解：二等座车公布票价=0.2805×（1+10%）×运价里程
=0.2805×（1+10%）×258
=79.6059（元）

学生优惠票公布票价=二等座车公布票价×75%
=79.6059×75%
,=59.704425
≈59.50（元）

实收票价为即日票价浮动时按浮动后票价执行。

【例5-6-6】运价里程684 km的动车组一等座车儿童优惠票价。

解：一等座车公布票价=0.3366×（1+10%）×运价里程
=0.3366×（1+10%）×684
=146.00（元）

儿童优惠票价=146.00/2=73.00（元）

实收票价为即日票价浮动时按浮动后票价执行。

【例 5-6-7】运价里程 135 km 的动车组一等座车伤残军人优待票票价。

解：一等座车公布票价=0.3366×（1+10%）×运价里程×1/2
=0.3366×（1+10%）×135×1/2
=24.99255≈25.00（元）

实收票价为即日票价浮动时按浮动后票价执行。

四、商务座旅客服务

提高商务座服务品质，可以满足商务座旅客差异化服务需求，提升客运服务形象，提高高等级席别客座率，完善客运服务体系。以"专人迎送、专用通道、专区候车、便捷检票"为主要服务内容，整合服务资源、优化服务流程、拓宽服务内容，促进商务座服务及管理水平全面提升。

1. 专属信息服务

铁路 12306 网站为购买商务座的旅客发送专属消息提醒服务，提示商务座专用验证迎宾通道位置，专属餐食预订链接等相关信息服务。旅客在人工售票窗口购买商务座车票时，售票员要主动提示乘车站专用进站通道位置。

2. 专用通道服务

商务座专区专用通道，设立明显标识引导，通道内设立实名验证台，指派专人在商务座通道指定位置进行迎宾值守，负责旅客实名制验证验票，指引旅客到商务座候车区内候车，引导急旅客至相应检票口商务座通道快速通过至站台乘车。设立独立的安全检查通道，为旅客提供安检查危服务。

3. 专区候车

商务座候车区设置明显服务标识，配置商务座服务系统，为旅客进行信息登记，提供入厅登记、引导落座、小食饮品、报刊书籍、Wi-Fi 网络、手机充电、视听娱乐、商务打印、特色文旅等服务。提供商务座候车区提前检票服务（提前检票时间为正常检票前 10 分钟），如旅客需要，帮助其提取报销凭证，为预订专属餐食的旅客按预定时间供餐。

4. 专人引导

商务座候车区应安排专人利用对讲机提前确定列车到达情况，按车次持检票核验凭条集中引导旅客至检票口，通过便捷检票通道进入站台，送至指定车厢门口，与列车乘务人员办理交接。主动为旅客提供行李提拉服务，始发列车可根据旅客需求及实际情况协助旅客安置行李，对特定旅客按标记要求安排人员引导。

5. 便捷出站

车站利用引导标识及定位标识明确商务座专用出站流线，对提前 1 小时进行预约的商务座旅客，应根据商务座服务系统中旅客的预约情况，安排专人提前到商务座车厢门口处迎候，主动与列车服务人员进行交接，引导旅客出站。如旅客有需求，应引导其至交通接驳或停车地点。联程票前段为商务座，预约引导出站服务时，应将旅客按照"便捷换乘"引导至后段席别对应候车区域。商务座旅客候车室如图 5-6-1 所示。

图 5-6-1　商务座旅客候车室

五、联运客运产品

高速铁路客运站不仅是高速铁路网络的节点，也是整个综合交通运输网络体系中重要的功能节点，它还担负着高速交通与城市内部交通相互衔接转换的功能。便捷、快速、一体化换乘的高速铁路枢纽接驳体系的实现是一个复杂的系统工程，涉及多方面的协调。联运客运产品服务界面如图 5-6-2 所示。

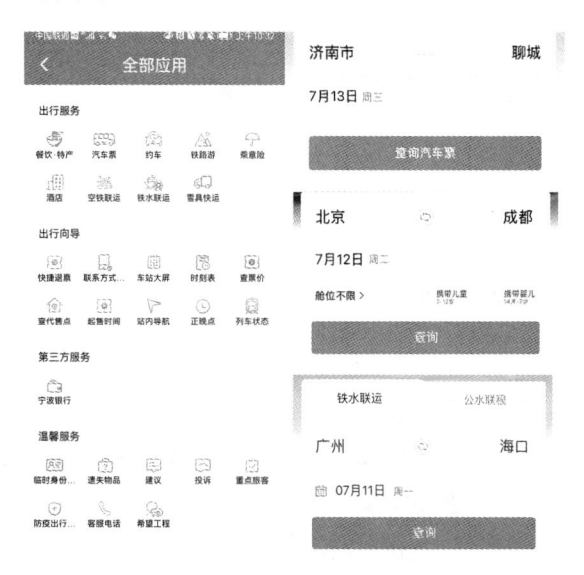

图 5-6-2　联运客运产品服务界面

1. 公铁联运

在铁路 12306 网站可购票汽车票，在营业时间内，需要换乘的旅客下了火车（汽车）即刻就可以在火车站（汽车站）换乘。

打开 12306 移动端，点击"更多"找到汽车票功能入口，在汽车票预订页输入"出发地""到达地"，选择"出发日期"，查询购票。选择合适的班次，点击购票，填写订单，查看班次预订须知等信息，添加乘车人，确认订单信息，点击【立即支付】进行下单，查看订单状态为已出票，即为出票成功，凭身份证至出发车站"自助取票机"/"窗口"取票乘车。

173

2. 空铁联运

空铁联运是指航空运输与铁路运输之间协作的一种联合运输方式。以机场和铁路基础设施建设和整合为基础，实现高速铁路与航空运输无缝衔接。空铁联运主要提供联运信息服务、联运票务服务。

打开铁路12306移动端，在首页点击空铁联运，然后输入出发地和目的地，选择日期、舱位以及是否携带儿童或婴儿，点击查询后即可查看包括火车出行、飞机出行、火车+飞机出行的多种出行方案。

3. 铁水联运

为实现区域内的交通一体化，方便邮轮旅客便捷出行旅游，铁路部门联合港口、邮轮公司共同推出铁水联运，向游客提供"门到门"的无缝旅游服务。

打开铁路12306移动端，在首页点击铁水联运，输入出发地和目的地，选择日期后点击查询，可以购买"铁水联运票"和"公水联票"。

4. 高速铁路+共享汽车

"高速铁路+共享汽车"这一出行模式实施后，可为旅客出行提供更加多样化的方式，进一步提升旅客出行品质，高速铁路与共享汽车联合，让长、短距离运输形成优势互补、实现无缝对接。高速铁路+共享汽车实现了"互联网+"的绿色共享出行模式，是城市绿色出行的新方向。

六、复兴号动车组列车餐饮土特产服务

复兴号餐饮服务落实互联网送餐服务标准，商务赠餐使用专用封套、腰封，严禁用常温餐代替商务赠餐。餐吧价目表全部使用电子价目表，复兴号配餐根据旅客饮食风俗习惯和用餐需求，配备不同价位多种套餐，包含地方特产、地方传统美食。提供点餐送餐服务，携带价目表深入车厢登记旅客用餐需求，送餐到座。

（一）餐饮备品

食品卫生许可证、营业执照摆放在餐吧内操作台明显处，餐食按存储要求及时入冷柜、恒温柜。柜台、展示柜商品按照从大到小，内高外低码放，备品箱空箱套在一起放在餐吧车槽内，多余备品箱可放在餐吧与客室隔断空当处，码放整齐不超过三层，用布苫盖。售货车上商品摆放美观稳妥，种类齐全，非作业期间售货车放入餐吧后台或餐吧车风挡非开门侧，不占用旅客走行通道。

（二）土特产预订服务

及时查看网络特产订单，确认订单信息准确无遗漏，列车长指派专人在站台固定位置办理交接，核对数量以及包装、封条是否完好无损，核对无误后，与车站交接配送人员签字交接。交接特产超过25千克的，由车站配送人员协助乘务人员搬运特产至车门内。

列车配送人员依据派送单及时派发特产，通过车票或手机号核验旅客身份，派发结束后通过手持终端标记异常订单，无反馈信息订单视为正常订单。无座预订人（旅客）在票面标记的车厢号，凭订单手机号码后5位领取特产。

（三）车站动车组列车配餐作业

（1）动车组列车配餐人员到达检票口后应听从客运工作人员的统一指挥，不得擅自去往站台。在站台等候配送期间，配餐人员要严格遵守站台规定，站在白色安全线内等候，对于配餐盒要妥善保管，防止掉下站台，列车进站时不得随车走动。

（2）列车到达后，配餐人员要在指定位置与列车工作人员办理交接，避免因交接问题影响列车正常发车。办理交接时要按规定填记交接确认单，对于交接确认单要妥善保管。

（3）配送作业各环节、全过程要用视频记录仪录制现场情况，确保餐食按标准配送。

（4）列车长掌握上餐情况，抽查餐食、商品生产日期、外包装及价签，符合食品安全及经营规定。

七、高铁快件作业

高铁快运包裹，是指铁路企业依托但不限于利用高铁列车（含确认列车，简称列车）等运输资源，为客户提供的小件物品全程运送服务。

（一）高速铁路车站高铁快运业务管理

（1）高铁快运集装件在车站内搬运时，应使用平板推车等专用机具或人工搬运，专用机具应带止轮装置（制动为常态），采取防滑、防溜、防撞的措施，经指定通道进出站台，在指定位置存放，不得挪作他用。

（2）列车中途停站作业时，一个车门上下的集装件总数每分钟不得超过2件。停时1分钟的经停车站每个车门仅单边作业，只装不卸或只卸不装。

（3）中铁快运作业人员需于列车到站前，将集装件搬运至站台指定位置。在旅客上车前完成装车，始发列车必须在开车前3分钟停止作业，中途站应于开车铃响前完成装车。

（4）中铁快运工作人员装卸车完毕后应主动向车站站台客运值班员（客运员）汇报集装件装卸车完毕。

高铁快件进出站台指定通道如图5-6-3所示。

图5-6-3　高铁快件进出站台指定通道

（二）高铁快件装车确认

（1）中铁快运作业人员使用对讲设备联系高铁客运值班员，上报装载列车车次、装载位置、件数，由高铁客运值班员安排相应的检票通道。

（2）高铁客运值班员、站台客运员接到中铁作业人员呼叫后，要保证中铁作业人员在列车发车或到站前 20 分钟到达相应站台。

（3）站台客运人员对于装卸车情况进行确认，所有人力车辆必须在站台安全线内顺向摆放，严禁垂直停放。站台两侧有动车组（列车）移动时，人力车辆必须停止移动。遇恶劣天气应加强人员防护。

（4）站台客运员要时刻关注中铁作业人员搬运工具在站台停放位置，发现侵限和与旅客争抢问题要及时制止，确保安全。

（三）证件查验

客运值班员、检票客运员对统一着装、佩戴作业证进站作业的中铁快运作业人员，应仔细检查其作业证、押运证，发现非中铁快运人员严禁进、出站。

中铁快运公司高铁快运作业证、押运证图样如图 5-6-4 所示。

图 5-6-4　中铁快运公司高铁作业证、押运证

（四）确认发车

站台客运员发车前，要关注高铁快件作业交接情况，确认列车旅客乘降、上水、高铁快运、餐车物品装卸作业完毕后，使用无线对讲设备通知列车长与客运有关的作业完毕。中铁作业人员未通知作业完毕时，要主动联系确认完毕后再发车，不得以任何理由影响正点发车。

任务实施

1. 任务准备

（1）设备准备：仿真客运营销辅助决策系统、车站客票系统、商务候车室、模拟站台，实训室，专业训练服（可着正装）。

（2）实训资料准备：相关旅客身份证件、各岗位作业指导书、实训任务单、教材等。

（3）情景准备：实训前各小组查阅、收集资料，选择商务座旅客、动车组列车配餐、高铁快件运输服务等情景，情景中包括高速铁路客运服务人员、旅客。

（4）人员准备：实训分小组进行，每组 6~8 人，每小组做好人员分工。

2. 实施步骤

（1）认知高速铁路客运产品。

（2）正确使用客运营销辅助决策系统。

（3）商务座旅客候车服务。

（4）站台高铁配餐、高铁快件服务。

（5）组内互查，教师总结并评分、评价。

3. 任务单

训练名称	高速铁路客运营销服务训练		
班　级		姓　名	
1. 运用营销决策系统分析各种客流数据。			
2. 结合车站实际制定营销工作制度。			
3. 为商务座旅客全程服务。			
4. 正确计算各种动车组列车票价。			
任务总结：			

4. 效果评价

	项目	A-优	B-良	C-中	D-及格	E-不及格	综合
小组评价	系统运用（15%）						
	票价计算（15%）						
	其他服务（20%）						
	团队合作（10%）						
教师评价	营销服务（20%）						
	任务单（20%）						
	教师签名						

复习思考题

1. 高速铁路智能客运服务主要包括哪些内容？
2. 高速铁路客运站重点旅客服务包括哪些内容？
3. 高速铁路客运站特殊重点旅客服务包括哪些内容？
4. 叙述旅客遗失物品管理服务要求。
5. 联运客运产品包括哪些内容？

项目六　高速铁路客运安全管理与应急处置

项目描述

高速铁路旅客运输的首要任务是保证安全,安全管理工作的中心是防止人的不安全行为,消除运输设备设施的不安全状态,中断事故的进程以及避免事故的发生。本项目主要介绍车站和动车组列车客运安全管理与应急处置的相关知识。

学习目标

1. 素质目标

通过学习高速铁路客运应急处置的过程及要求,使学生们坚持以人民安全为宗旨,增强安全意识和素养,坚持安全第一、预防为主,公共安全治理模式向事前预防转型,提高防灾减灾救灾和重大突发公共事件处置保障能力。

2. 能力目标

能有效处理车站和动车组列车客运组织异常及设备故障等情况的应急处置;维护旅客运输安全畅通。

3. 知识目标

掌握高速铁路车站和动车组列车安全管理规范要求;掌握发生客运组织非正常情况的应急处置流程。

任务1　车站客运安全管理与应急处置

任务引入

高速铁路车站坚持以人为本,以确保旅客运输安全,最大限度地减少各种突发事件对旅客运输造成的影响。

请思考:如何做好车站客运组织异常应急处置工作?

相关知识

一、车站客运安全管理规范

《铁路旅客运输服务质量规范》对旅客运输过程中有关安全管理的规定包括车站的安全管理制度、安全设备设施、安全检查及劳动安全等方面内容。

（一）安全制度管理

车站客运安全制度健全有效，安全管理职责明确，能满足安全生产需要。

（1）有安全生产责任制、安全检查和安全质量考核、劳动安全、消防管理、食品安全、设施设备、安检查危、实名验证、结合部、现金票据安全、站台作业车辆安全、旅客人身伤害处理等管理制度和办法。

（2）有旅客候车、乘降、进出站、高铁快运保管和装卸等安全防范措施。

（3）与保洁、商业、物业、广告、安检、高铁快运等结合部有安全协议。

（4）有恶劣天气、列车停运、大面积晚点、启动热备车底、突发大客流、设备故障、客票（服）系统故障、火灾爆炸、重大疫情、食物中毒、作业车辆（设备）坠入股道、旅客人身伤害等非正常情况下的应急预案。

（二）安全设备设施管理

安全设备设施配备齐全到位，作用良好。

（1）按规定配备危险品检查仪、安全门、危险品处置台、手持金属探测器、防爆罐等安全检查设施设备，正常启用，显示器满足查验不同危险品的需求。危险品检查仪、安全门、危险品处置台、防爆罐设在旅客进站流线、高铁快运营业场所适当位置，不影响旅客通行。

（2）按规定配备消防设备、器材，定期检测维护，合格有效。

（3）应急照明系统覆盖进出站、候车、售票、站台、天桥、地道等处所，状态良好。

（4）备有喇叭、手持应急照明灯具、应急车次牌、隔离设施等应急物品，定点存放。

（5）安全标志使用正确，位置恰当，便于辨识。电梯、天桥、地道口、楼梯踏步、站台有引导、安全标志。落地玻璃前有防撞装置和警示图形标志。

（6）电梯、天桥、楼梯悬空侧按规定设置防护装置，高度不低于1.7米。

（三）站区安全管理

（1）站区实行封闭式管理，旅客进出站乘降有序，站内无闲杂人员。进出站通道流线清晰，有管理措施。站台两端设置防护栅栏并有"禁止通行"或"旅客止步"标志。夜间不办理客运业务时，可关闭站区相应服务处所，但应对外公告。疏散通道、紧急出口、消防车通道等有专人管理，无堵塞。

（2）进入站台的作业车辆及移动小机具、小推车不影响旅客乘降，不堵塞通道，不侵入安全线；停放时在指定位置，与列车平行，有制动措施；行驶或移动时，不与本站台的列车同时移动，不侵入安全线，速度不超过10千米/小时。无非作业车辆进入站台。

（四）人身安全管理

（1）安全使用电源，无违规使用电源、电器。

（2）工作人员人人通过生产作业、消防、电器、电气化、卫生防疫、劳动人身等安全培训，特定岗位工作人员按规定通过相应岗位安全培训。安全培训有计划，有记载，有考核。

（3）发生旅客人身伤害、突发疾病或接受列车移交的伤、病人员时，及时联系医疗机构；遇旅客死亡、涉及违法犯罪以及发现弃婴、流浪乞讨人员时，及时报告（通知）公安机关。

二、高速铁路车站应急处置规范

遇恶劣天气、列车停运、大面积晚点、启动热备车底、突发大客流、设备故障、客票（服）系统故障、火灾爆炸、重大疫情、食物中毒、作业车辆（设备）坠入股道、旅客人身伤害等非正常情况时，及时启动应急预案，掌握售票、候车、旅客滞留、高铁快运等情况，维持站内秩序，准确通报信息，做好咨询、解释、安抚等善后工作。

1. 列车晚点应急处置

列车晚点15分钟以上时，根据调度通报，公告列车晚点信息，说明晚点原因、预计晚点时间，广播每次间隔不超过30分钟。电子显示屏实时显示。按规定办理退票、改签或逢餐点提供免费饮食品，协调市政交通衔接。

2. 列车在车站空调失效应急处置

遇列车在车站空调失效时，站车共同组织；必要时，组织旅客下车、换乘其他列车或疏散到车站安全处所。到站按规定退还票价差额。

3. 车底变更应急处置

遇车底变更时，车站按车底变更计划调整席位，组织旅客换乘，告知列车，并按规定办理改签、退票。

4. 售票、检票系统故障应急处置

遇售票、检票系统故障时，组织维护部门进行故障排查，按规定启用应急售票程序，组织人工办理检票。

5. 列车故障更换车底应急处置

遇列车故障途中需更换车底时，在车站换乘的，由客调通知换乘站、高铁快运到站，由换乘站组织集装件换车。在区间换乘的，集装件不换至救援车，由故障车所在地铁路局集团公司根据救援方案一并安排随车运送至动车所所在地高铁车站，动车所所在地高铁车站编制客运记录并安排最近车次运送至到站。

三、车站各岗位异常情况应急处置

（一）售票岗位异常情况应急处置

售票岗位应急处置主要包括突发客流高峰应急处置、客票系统故障应急处置、互联网售票系统故障、电话订票系统故障、大面积列车晚点、电子客票系统故障、发生火灾、爆炸事件应急处置和防洪应急处置。

1. 发生火灾、爆炸事件应急处置

（1）火势能在短时间内得到控制。

先向周围人员发出火警信号，及时汇报值班员，如火势不大，不会很快蔓延且易扑救的初期火灾，应立即使用就近灭火器材，将其迅速扑灭，保护好现场，查明起火原因。

（2）火势不能在短时间内得到控制。

如火势很大，蔓延迅速或不易扑救时，立即汇报值班员；接到值班员的指令后，立即拨打火警电话"119"，报警内容包括起火单位、起火部位、起火物、火势大小、报警人姓名、联系电话。使用售票厅内灭火器扑救初起火灾，迅速将售票厅旅客隔离开，按应急疏导方案迅速将旅客疏散到安全地带，在疏散旅客时，做好宣传工作，稳定旅客情绪，以免发生混乱；到约定地点接应消防车，为其指示起火点和通过路线，配合消防队员和医务人员开展相应应急处置。

2. 防洪应急处置

因汛情影响造成列车大面积晚点，接到值班员通知后，及时到岗到位，增加售票、改签窗口，满足现场需求。

（二）检票口岗位异常情况应急处置

检票口岗位应急处置包括突发大客流及旅客列车大面积晚点应急处置、客运电梯突发情况应急处置和动车组列车换车底应急处置。

1. 突发大客流及旅客列车大面积晚点应急处置

（1）汇报。接到综控室晚点信息，及时汇报高铁场值班员。

（2）速到现场。按照值班站长指令，和值班员一起迅速到达现场，与公安人员共同维持好旅客秩序。

（3）组织乘降。联系综控室和站台，确认车底条件允许后进行检票放行、组织上车。

（4）逐级汇报。稳定旅客情绪，遇发生旅客拒绝下车等严重影响站车秩序的情况，及时向综控室、高铁场客运值班员及车间干部逐级汇报。

（5）妥善安排。妥善安排晚点列车的旅客换乘、退票、改签。

2. 动车组列车换车底应急处置

（1）接收通知处理。高铁值班员接到计划室、调度命令通知临时更换车型，及时通知高铁检票员。

（2）检查设备。检查调号设备是否齐全，使用是否正常。

（3）现场组织。客运员对调号旅客进行分拣，利用配发的移动换票系统（倒号机），对持调号车票旅客进行扫描二维码或购票时所持的居民二代身份证原件，倒号机自动打印新座位存根。

（4）交接汇报。客运值班员与计划室联系，拿到临时变换车型车次调号通知单，并交予当次列车列车长，与列车长做好交接，对统计后未拿到座位存根的座次进行重点交接。处置完毕后，及时将信息反馈车间干部。

（三）站台岗位异常情况应急处置

站台岗位应急处置包括突发大客流及旅客列车大面积晚点应急处置、线路进入闲杂人员应急处置、高站台坠落旅客和旅客携带品应急处置、客运电梯突发情况应急处置、发生旅客扒车应急处置、发生旅客意外伤害应急处置、旅客列车临时停运应急处置、列车（或个别车厢）不能接入站台应急处置、列车到站后旅客拒绝下车应急处置、动车组列车换车底应急处置、站台车辆突发情况应急处置和客运突发事件应急处置。

1. 高站台坠落旅客和旅客携带品应急处置

（1）列车到达前和进站中，旅客掉下站台。

立即拦停列车（对讲机规定频道呼叫司机或使用手信号），同时向客运值班员及综控室汇报。安抚旅客并听从值班员安排，将掉下站台的旅客施救到站台上。

（2）列车到达前和进站中，旅客携带品掉下站台。

发现旅客携带品掉下站台后，如判断掉下站台的携带品不影响行车安全时，向旅客做好安抚、解释工作，采取措施阻止旅客自行跳下站台捡拾，告知旅客铁路部门会妥善处置，并向综控室及客运值班员汇报；如判断掉下站台的携带品可能影响行车安全时，要立即拦停列车（对讲机呼叫司机或使用手信号），并向综控室、客运值班员汇报。

（3）旅客票证掉下站台。

发现旅客票证掉下站台后立即向旅客做好安抚、解释工作，阻止旅客自行跳下站台捡拾，告知旅客铁路部门会妥善处置，并向综控室及客运值班员汇报。如时间允许且不影响行车及人身安全时，听从值班员安排，使用绝缘捡拾器拾起票证，交还旅客。如时间、条件不允许，留下旅客联系方式，列车出站后再进行处理，或协助旅客改签、退票。

2. 发生旅客意外伤害应急处置

（1）旅客在站内发生意外伤害时。

确认音视频记录仪开启，及时通知值班员，积极采取抢救措施，按照值班员或值班主任的安排疏导周围旅客保护现场，禁止与救援、调查无关人员进入。

（2）列车移交受伤旅客时。

客运人员接列车通知车内有旅客发生伤害时，立即通知值班员或值班站长，按照值班员安排引导120急救人员到达现场，积极采取抢救措施，按照值班员或值班主任的安排疏导周围旅客保护现场，禁止与救援、调查无关人员进入。

任务实施

1. 任务准备

（1）设备准备：仿真高速铁路车站电子客票售票设备、仿真电子客票验证检票设备、仿真高速铁路车站设备、实训室，专业训练服（可着正装）。

（2）实训资料准备：车站发生客运组织异常应急处置预案、实训任务单、相关规章、教材等。

（3）情景准备：实训前各小组查阅、收集资料，选择高速铁路车站客运组织异常应急处置情景，情景中包括高速铁路车站客运工作相关人员、旅客。

（4）人员准备：实训分小组进行，每组6~8人，每小组做好人员分工。

2. 实施步骤

（1）突发大客流及旅客列车大面积晚点应急处置。

（2）站台坠落旅客和旅客携带品应急处置。
（3）发生旅客意外伤害应急处置。
（4）组内互查，教师总结并评分、评价。

3. 任务单

训练名称	高速铁路车站相关业务应急处置训练		
班　级		姓　名	
1. 检查设备设施安全情况。			
2. 售票岗位异常情况应急处置。			
3. 检票口岗位异常情况应急处置。			
4. 站台岗位异常情况应急处置。			
任务总结：			

4. 效果评价

	项目	A-优	B-良	C-中	D-及格	E-不及格	综合
小组评价	设备使用（15%）						
	检票处置（15%）						
	站台处置（20%）						
	团队合作（10%）						
教师评价	应急处置（20%）						
	任务单（20%）						
	教师签名						

任务 2　动车组列车客运安全管理与应急处置

任务引入

高速铁路动车组列车客运非正常情况下的应急处置工作要坚持以人民为中心，各专业、各岗位人员要忠于职守，严格履行岗位职责，在危险面前做到有担当、有作为，最大限度保护人民群众生命财产安全。

请思考：如何做好动车组列车客运乘务异常的应急处置工作？

相关知识

一、动车组列车安全管理规范

《动车组列车服务质量规范》要求防火防爆、人身安全、食品安全、现金票据、结合部等安全管理制度健全有效。

（1）出、入动车所前，由车辆、客运人员对上部服务设施状态进行检查，办理一次性交接；运行途中，发现上部服务设施故障时，客运乘务人员立即向列车长报告，并通知随车机械师共同确认、处理。

（2）各车厢灭火器、紧急制动阀（手柄或按钮）、烟雾报警器、应急照明灯、防火隔断门、紧急门锁、紧急破窗锤、气密窗、厕所紧急呼叫按钮及车门防护网（带）、应急梯、紧急用渡板、应急灯（手电筒）、扩音器等安全设施设备配置齐全，作用良好，定位放置。乘务人员知位置、知性能、会使用。

（3）安全使用电源，正确使用电器设备。电器元件安装牢固，接线及插座无松动，按钮开关、指示灯作用良好；不乱接电源和增加电器设备，不超过允许负载。配电室（箱）、电气控制柜锁闭，无堆放物品。不用水冲刷车内地板、连接处和车内电器设备。

（4）餐车配置的微波炉、电烤箱、咖啡机等厨房电器符合规定数量、规格和额定功率，规范使用，使用中有人监管，用后清洁，餐车离人断电。

（5）执行车门管理制度。

① 列车到站停稳后，司机或随车机械师开启车门，并监控车门开启状态。开车前，列车长（重联时为运行方向前组列车长）接到车站与客运有关的作业完毕通知后，按规定通知司机或随车机械师关闭车门。

② 动车组列车停靠低站台时，到站前乘务人员提前锁闭辅助板指示锁并打开翻板，开车后及时将翻板及辅助板指示锁复位。

③ 餐车上货门仅供餐车售货人员补充商品、餐料时使用，无旅客乘降。

④ 列车运行中，车门、气密窗锁闭状态良好。定期巡视，保持通道畅通。发现车门未锁闭或锁闭状态不良时，指派专人看守，并及时通知随车机械师处理。

（6）安全标志设置齐全、规范，符合标准。采用广播、视频、图形标志、服务指南等方式，宣传安全常识和车辆设备设施的使用方法，提示旅客遵守安全乘车规定。

（7）运行中做好安全宣传和防范，车内秩序、环境良好，无闲杂人员随车叫卖、捡拾、讨要。发现可能损坏车辆设施和影响安全、文明的行为及时制止。

（8）全列各处所禁止吸烟，加强禁烟宣传，发现吸烟行为及时劝阻，并由公安机关依法查处。

（9）行李架、大件行李存放处物品摆放平稳、牢固、整齐。大件行李放在大件行李存放处，不占用席（铺）位，不堵塞通道。锐器、易碎品、杆状物品及重物等放在座（铺）位下面或大件行李存放处。衣帽钩限挂衣帽、服饰等轻质物品。使用小桌板不超过承重范围。

（10）发现旅客携带品可疑及无人认领的物品时，配备乘警（或列车安全员）的列车通知乘警到场处理；未配备乘警的由列车长按规定处理，对危险品做好登记、保管及现场处置，并交前方停车站（公安部门）处理。

（11）发现行为、神情异常的旅客时，重点关注，配备乘警的列车通知乘警到场处理；未配备乘警的由列车长按规定处理，情形严重时交列车运行前方停车站处理。

（12）发生旅客伤病时，提供协助，通过广播寻求医护人员帮助；情形严重的，报告客服调度。

（13）乘务人员进出车站和动车所（客技站）时走指定通道，通过线路时走天桥、人行地道，走平交道时做到"一停二看三通过"，不横越线路，不钻车底，不跨越车钩，不与运行中的机车车辆抢行。进出车站时集体列队。

（14）乘务人员在接班前充分休息，保持精力充沛，不在班前、班中、折返站饮酒。

二、动车组列车客运乘务应急处置规范

遇火灾爆炸、重大疫情、食物中毒、空调失效、设备故障和列车大面积晚点、停运、变更径路、启用热备车底等非正常情况时，及时启动应急预案，掌握车内旅客人数及到站情况，维持车内秩序，准确通报信息，做好咨询、解释、安抚、生活保障等善后工作。具体项目及服务质量要求见表6-2-1。

表 6-2-1　动车组列车应急处置质量要求

项目	服务质量要求
应急物品配备	配备照明灯、扩音器、口笛等应急物品，电量充足，性能良好。灾害多发季节增备易于保质的食品、饮用水和应急药品，单独存放
列车晚点	列车晚点15分钟以上时，列车长根据调度、本段派班室（值班室）或车站的通报，向旅客公告列车晚点信息，说明晚点原因、预计晚点时间。广播每次间隔不超过30分钟，可利用电子显示屏实时显示
列车空调故障	遇列车空调故障时，有条件的，将旅客疏散到空调良好的车厢；需开启车门通风的，按规定安装防护网，有专人防护。在停车站，开启站台一侧车门；在途中，开启运行方向左侧（非会车侧）车门。运行途中劝阻旅客不在连接处停留，临时停车严禁旅客下车。在站停车须组织旅客下车时，站车共同组织。按规定做好旅客到站退还票价差额时的站车交接
启用热备车底	热备车底的乘务人员、随车备品和服务用品同步配置到位。遇启用热备车底时，做好宣传解释，配合车站组织旅客换乘其他列车，或者按照车站通报的席位调整计划组织旅客调整席位，按规定做好站车交接
变更径路	遇变更径路时，做好宣传解释，配合车站组织不同径路的旅客下车，按规定做好站车交接
车门故障	车门故障无法自动开启时，手动开启车门，并通知随车机械师处理；无法关闭时，由专人看守并通知随车机械师处理。使用车门紧急解锁拉手后，及时复位

三、动车组列车客运乘务非正常情况应急处置

（一）高架线路疏散旅客应急处置

（1）列车长接到由高架应急疏散通道疏散旅客命令时，应确认应急疏散通道的位置、方向、距离，尽快通知列车乘警、机械师、乘务员、乘服员、餐服员做好相应的准备工作。

（2）司机在接到列车调度员已扣停邻线列车的口头指示后，立即通知列车长。列车长接到司机通知后，组织列车工作人员打开指定车厢车门，架设应急梯，并设专人在应急梯放置场所进行防护，防止旅客摔伤。

（3）列车乘务人员组织旅客顺序从应急梯向车下转移、集结，并携带通信设备、照明装置，随时保持与司机联系。列车长随时听取各车旅客疏散情况报告，并与司机保持联系。

（4）旅客下车后，列车工作人员要组织旅客有序顺步行通道向应急疏散通道疏散（根据公里标确定逃生口位置）；列车长在前、乘警在后，同时列车长指定专人在队伍中部进行疏导和安全宣传。

（5）疏散过程中需跨越线路时，必须得到调度允许，设置专人进行防护。

（6）列车工作人员在组织旅客由应急疏散通道往地面转移过程中，要做好旅客安全防护，对重点旅客做好重点防护。

（7）到达地面安全地带后，列车长组织全体工作人员清点人数，并将现场情况报告列车运行所在局集团公司客服调度，并同时向段派班室、车队汇报。列车长代表铁路部门，向旅客致歉，同时组织乘务员做好服务组织工作，等待后续救援。

高速铁路线路构造及公里标如图 6-2-1 所示。

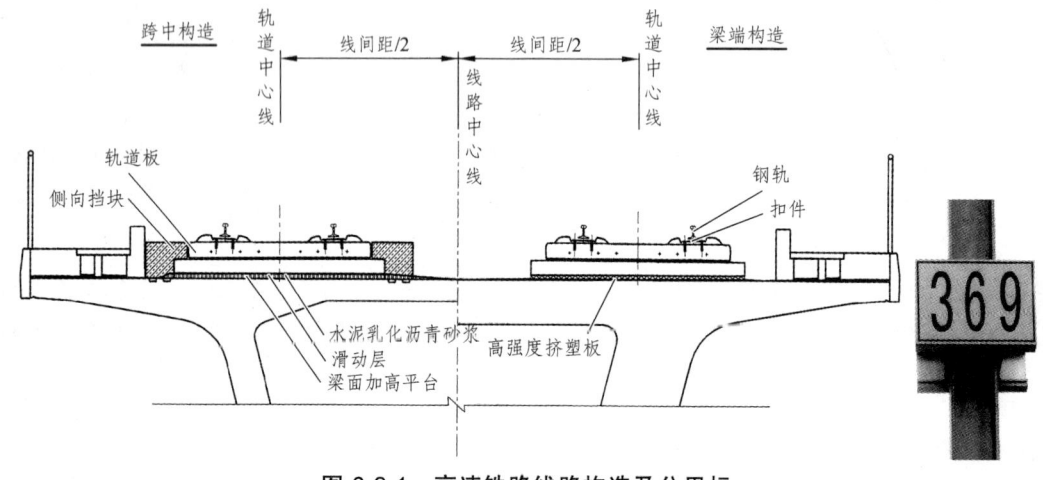

图 6-2-1 高速铁路线路构造及公里标

（二）隧道疏散旅客应急处置

（1）列车长接到由隧道逃生口疏散旅客命令时，应首先确认隧道逃生口的位置、方向、距离，尽快通知列车乘警、机械师、乘务员、乘服员、餐服员做好相应的准备工作。

（2）列车长通知机械师和乘务人员手动打开指定车门。如需架设应急梯，应指定专人在应急梯架设处进行防护，防止旅客摔伤。

（3）列车乘务人员组织旅客顺序从应急梯向车下转移、集结，并携带通信设备、照明装置，随时保持与司机联系。列车长随时听取各车旅客疏散情况报告，并与司机保持联系。

（4）旅客下车后，列车乘务人员要组织旅客有序顺步行通道向隧道逃生口疏散（根据公里标确定逃生口位置）；列车长在前、乘警在后，同时列车长指定专人在队伍中部进行疏导和安全宣传。

（5）疏散过程中需跨越线路时，除设置专人进行防护外，还必须与司机联系，司机向调度联系确认邻线无车时，通知列车长方可跨越线路。

（6）列车工作人员在组织旅客由隧道逃生口往地面转移过程中，要做好旅客安全防护，对重点旅客做好重点防护。

（7）到达安全地带后，列车长组织全体工作人员清点人数，并将现场情况报告客服调度并同时向段派班室、车队汇报。列车长代表铁路部门，向旅客致歉，同时组织乘务员做好服务组织工作，等待后续救援。

隧道内部结构如图 6-2-2 所示。

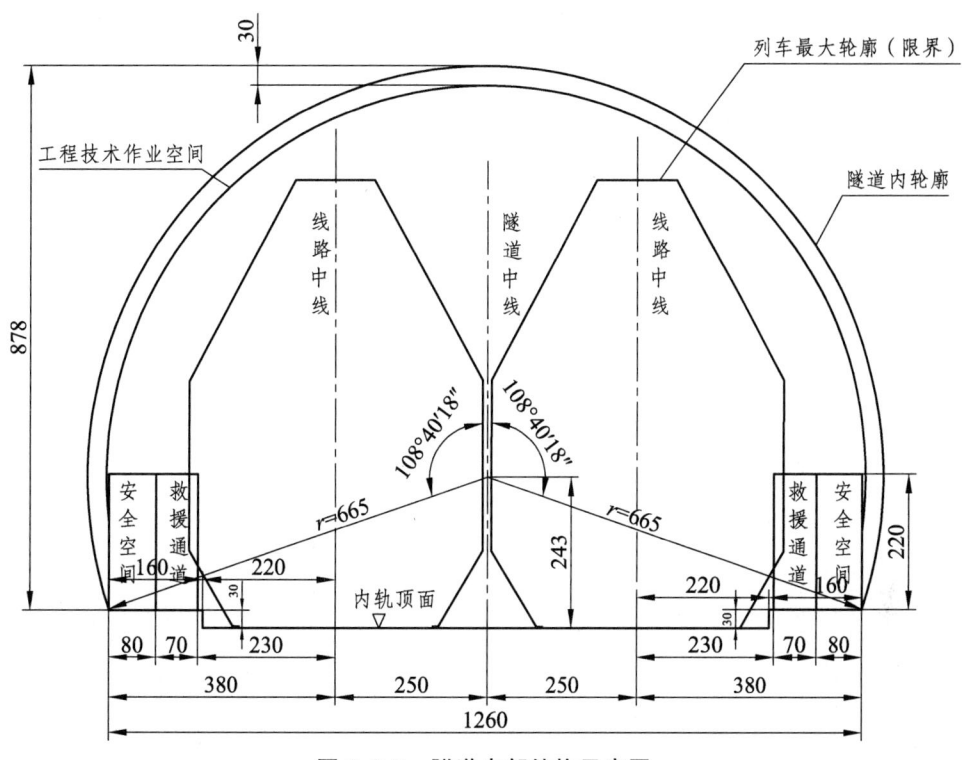

图 6-2-2　隧道内部结构示意图

（三）列车吸污作业应急处置

（1）途中遇有动车组列车 30%以上的卫生间集便箱满载停用，预计无法维持使用至下一图定吸污站点时，由列车长视情况，按照公布的高铁吸污站名单选择应急吸污站，原则上选择本次列车停靠车站，提前 1 小时向吸污站所属局集团公司客服调度员提出应急吸污请求，具体内容包括车次、车站、吸污车厢号。

（2）客服调度员接到列车长的应急吸污请求后，经值班主任（值班副主任）准许，及时向有关车站、吸污作业单位发布应急吸污作业的调度命令，抄送有关列车调度员，并通知列车长。列车长转报司机、随车机械师。不具备作业条件或来不及安排时，值班主任（值班副主任）立即报国铁集团调度，并由客服调度员通知列车长。

（3）吸污作业单位接到调度命令后，应立即组织人员进行吸污作业，作业完毕向站台客运值班员汇报，客运值班员确认吸污作业完毕并通知列车长。

（4）如因列车晚点、股道运用、动车组检修等原因无法按计划安排当日终到吸污的，由吸污单位汇报客服调度员。

动车组列车给水卫生系统如图 6-2-3 所示。

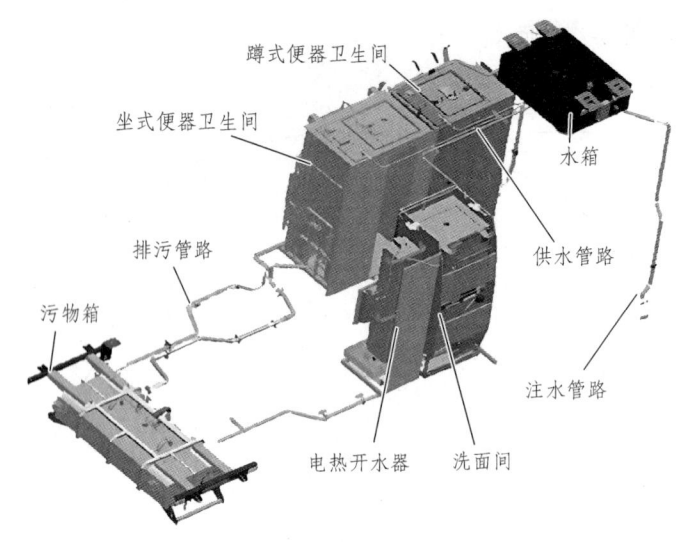

图 6-2-3 动车组列车给水卫生系统

（四）列车空调失效应急处置

（1）列车空调故障失效超过 20 分钟，严重影响旅客乘车舒适度时，列车长向客服调度汇报。通知全体工作人员坚守岗位，未得到列车长命令，不得擅自打开车门。

（2）列车乘务人员应及时对旅客开展宣传、解释、安抚、服务工作，对车内重点旅客开展重点帮扶。

（3）列车长、乘警要动员和组织车内武警、军人、国家干部、医务人员协助列车乘务人员共同维护好车内秩序。

（4）列车长视车内温度和旅客舒适度作出打开车门的决定，通报司机、随车机械师；列车长要确定运行方向左侧非会车一侧车门开放具体位置，做好安装防护网前的各项准备工作。

（5）得到列车调度员准许"安装护网、打开车门"的通知后，列车长组织列车乘务人员在指定位置安装护网，并按照"一人一门"值守的要求，安排列车乘务人员在准备打开的车门处防护值守；列车长确认防护网安装牢固、值守人员到位后，通知打开车门、全程值守，严禁旅客靠近车门。

（6）动车组全列空调失效，但可维持运行时，列车长要密切关注动车组车厢温度及旅客感受。炎热期（6 月至 9 月期间）列车长要提前预判，及时通知司机向调度员提出在前方最近客运站停车的请求。

（7）动车组客室单个或多个空调失效时，列车长应综合考虑车内客流、故障车厢旅客数量等情况，在尽量保证旅客服务质量的前提下疏散故障车厢旅客至其他车厢。

（8）接到列车调度员换乘命令后，列车长详细清点旅客人数，配合车站共同组织将旅客疏散到车站安全处所，等待换乘。

（9）空调恢复正常工作、车内温度达标后，列车长组织工作人员在动车组车门关闭后，适时撤除防护网。

动车组列车空调系统如图 6-2-4 所示。

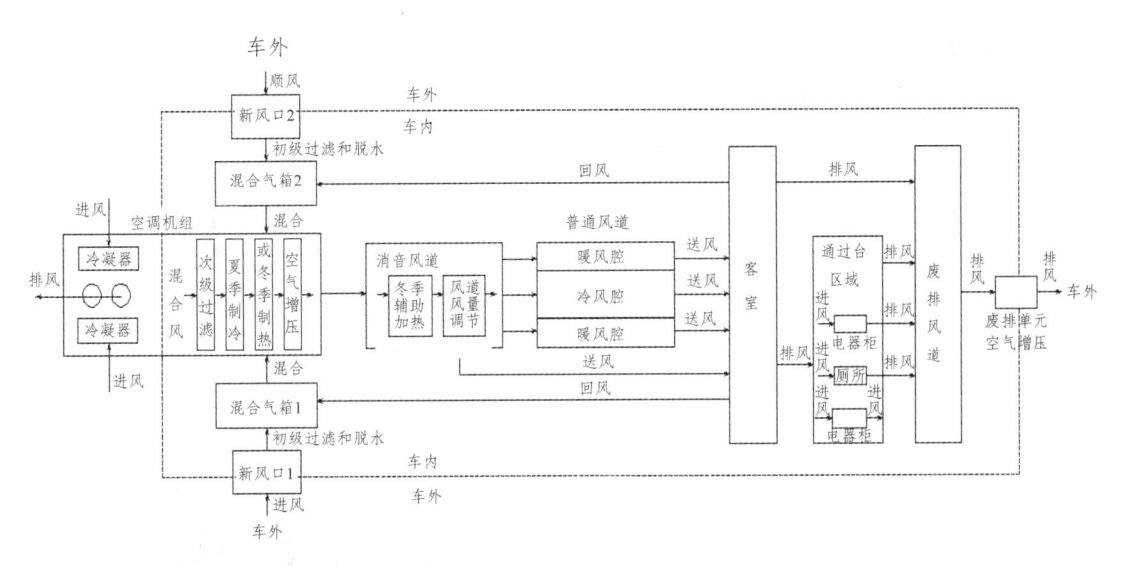

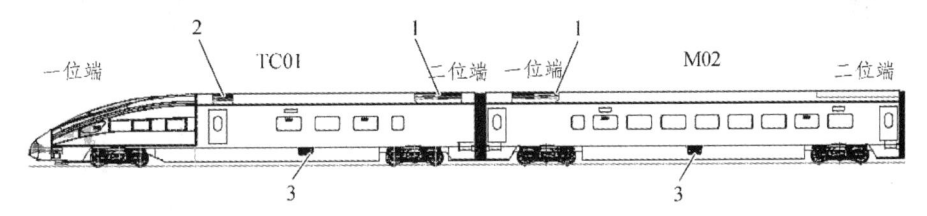

1—客室空调机组；2—司机室空调机组；3—废排单元。

图 6-2-4　动车组列车空调系统

任务实施

1. 任务准备

（1）设备准备：仿真动车组列车设备、实训室，专业训练服（可着正装）。

（2）实训资料准备：相关应急处置预案、实训任务单、相关规章、教材等。

（3）情景准备：实训前各小组查阅、收集资料，选择动车组列车乘务组织异常应急处置相关情景，情景中包括动车组列车客运服务相关人员、旅客若干。

（4）人员准备：实训分小组进行，每组 6~8 人，每小组做好人员分工。

2. 实施步骤

（1）按照规范要求检查动车组列车设备安全情况。

（2）动车组乘务组织异常应急处置。

（3）动车组设备异常应急处置。

（4）组内互查，教师总结并评分、评价。

3. 任务单

训练名称		动车组列车乘务组织异常应急处置训练		
班　级			姓　名	
1. 检查动车组列车车内设备设施。				
2. 高架线路疏散应急处置。				
3. 隧道疏散应急处置。				
4. 动车组空调故障应急处置。				
任务总结：				

4. 效果评价

	项目	A-优	B-良	C-中	D-及格	E-不及格	综合
小组评价	设备安全（15%）						
	乘务异常（20%）						
	设备异常（15%）						
	团队合作（10%）						
教师评价	应急处置（20%）						
	任务单（20%）						
	教师签名						

复习思考题

1. 叙述车站安全管理规范要求。
2. 叙述车站各岗位应急处置流程。
3. 叙述动车组列车安全管理规范要求。
4. 叙述动车组列车应急处置规范要求。

参考文献

[1] 中国铁路总公司. 高铁中型及以上车站服务质量规范[S]. 北京：中国铁道出版社，2016.

[2] 中国铁路总公司. 动车组列车服务质量规范[S]. 北京：中国铁道出版社，2016.

[3] 国家铁路局. 铁路旅客车站设计规范[S]. 北京：中国铁道出版社，2018.

[4] 王慧 马海漫. 高速铁路客运组织（第2版）[M]. 成都：西南交通大学出版社，2019.

[5] 裴瑞江 周平. 铁路旅客运输组织[M]. 北京：人民交通出版社股份有限公司，2020.

[6] 《铁路电子客票实用培训手册》编委会. 铁路电子客票实用培训手册 [M]. 北京：中国铁道出版社有限公司，2020.

[7] 中华人民共和国交通运输部. 铁路旅客运输规程 [S]. 北京：中国铁道出版社有限公司，2022.

[8] 国家铁路局 公安部. 铁路旅客禁止、限制携带和托运物品目录[S]. 北京：中国铁道出版社有限公司，2022.

[9] 中国国家铁路集团有限公司. 铁路旅客运输安全检查管理规则 [S]. 北京：中国铁道出版社有限公司，2022.

[10] 中华人民共和国交通运输部. 铁路旅客运输车票实名制管理办法 [S]. 北京：中国铁道出版社有限公司，2022.

[11] 中国国家铁路集团有限公司. 广深港高速铁路跨境旅客运输组织规则[S]. 北京：中国铁道出版社有限公司，2022.

[12] 中国国家铁路集团有限公司. 中国国家铁路集团有限公司铁路旅客运输规程 [S]. 北京：中国铁道出版社有限公司，2023.

[13] 中国国家铁路集团有限公司. 铁路客运服务信息系统设计规范[S]. 北京：中国铁道出版社有限公司，2023.